● 河北省教育厅人文社会科学研究重大课题攻关项目《河北太行山文化产业带发展策略研究》（ZD201403）的结项成果
● 河北省新闻学重点学科资助项目

河北太行山文化产业带构建与发展策略

杜 浩 商建辉 著

人民出版社

责任编辑:孙兴民　张帅奇
装帧设计:徐　晖
责任校对:张　彦　闫翠茹

图书在版编目(CIP)数据

河北太行山文化产业带构建与发展策略/杜浩，
　商建辉 著.—北京:人民出版社,2018.5
ISBN 978-7-01-018802-7

Ⅰ.①河… Ⅱ.①杜…②商… Ⅲ.①文化产业-产业发展-研究-河北　Ⅳ.①G127.22

中国版本图书馆 CIP 数据核字(2018)第003174号

河北太行山文化产业带构建与发展策略
HEBEI TAIHANGSHAN WENHUA CHANYEDAI GOUJIAN YU FAZHAN CELÜE

杜浩　商建辉　著

人民出版社 出版发行
(100706　北京市东城区隆福寺街99号)

保定市北方胶印有限公司印刷　新华书店经销

2018年5月第1版　2018年5月北京第1次印刷
开本:880毫米×1230毫米 1/32　印张:8.375
字数:180千字

ISBN 978-7-01-018802-7　定价:36.00元

邮购地址 100706　北京市东城区隆福寺街99号
人民东方图书销售中心　电话 (010)65250042　65289539

版权所有·侵权必究
凡购买本社图书,如有印制质量问题,我社负责调换。
服务电话:(010)65250042

目 录
CONTENT

绪　论 …………………………………………………………… 1

第一章　产业带及其构建与发展的相关理论 …………… 20
第一节　产业带的特征与类型 ………………………… 20
第二节　产业带的形成和演化机制 …………………… 28
第三节　产业带构建与发展的理论依据 ……………… 33

第二章　河北太行山文化产业带非物质文化遗产的发展概况及开发路径 ……………………………… 43
第一节　非物质文化遗产的概念及特征 ……………… 43
第二节　河北太行山文化产业带非物质文化遗产资源的发展概况 ………………………………… 54
第三节　河北太行山文化产业带非物质文化遗产的开发路径 ……………………………………… 73

第三章　河北太行山文化产业带手工艺品的发展概况及开发策略 ……………………………………… 93
第一节　河北太行山文化产业带手工艺品的历史与发展概况 …………………………………… 93
第二节　河北太行山文化产业带手工艺品存在的问题 …… 105

1

第三节　河北太行山文化产业带手工艺品的开发路径 …… 108

第四章　河北太行山文化产业带的文化旅游发展概况及开发路径 …………… 118
第一节　文化旅游的概念和特征 …………… 118
第二节　河北太行山文化产业带文化旅游资源概览 … 124
第三节　河北太行山文化产业带发展文化旅游存在的问题 ………………………………………… 127
第四节　河北太行山文化产业带文化旅游资源整合的路径 ………………………………………… 136
第五节　河北太行山地区文化旅游开发的对策研究 …… 152

第五章　河北太行山文化产业带的布局策略 …………… 155
第一节　产业布局及文化产业布局的内涵 …………… 155
第二节　河北太行山文化产业带布局存在的问题 …… 157
第三节　河北太行山文化产业带布局的原则 ………… 173
第四节　河北太行山文化产业带布局的总体思路和对策 … 181

第六章　河北太行山文化产业带构建与发展的解决方案 … 202
第一节　微观角度——企业：整合资源战略导向 …… 202
第二节　中观角度——行业协会：做好桥梁纽带 …… 212
第三节　宏观角度——政府：把握整体发展态势 …… 218

主要参考文献 ……………………………………… 248
后　记 ……………………………………………… 258

绪　论

一、研究缘起

文化产业作为一种新兴产业、朝阳产业，无论是在文化建设还是经济建设方面都发挥着越来越重要的作用，无论是对国民素质的提升、对文化消费水平的提高还是对于促进就业和经济结构转型发展都尤为重要。文化产业从其诞生之日起，就融合了科技、资金、人才、信息等多种因素，站在文化与产业属性的十字路口，借鉴不同学科的理论与方法，在 21 世纪的今天，越来越多的国家将发展文化产业作为国家战略的重要组成部分，越来越多的国家、地区都在思考如何让文化产业更好更快地发展。

河北太行山地区也不例外，文化产业的发展已成为该区域重要的发展方向。首先，太行山是见证华夏历史的地理界山、中华名山。太行山地处中国地形三大阶梯上的第二阶梯，西面是黄土高原，东部是华北平原，形成了独特的地理风貌。位于太行山东麓的河北省太行山区，南起漳河（涉县境内），北至拒马河（涞源县境内），南北长 340 公里，东西宽 30 公里（赞皇县境内）至140公里（涞源县至易县间）①，河北省太行山区总面积30924平方公里，由北向南横跨保定、石家庄、邢台、邯郸等4市，有24个县681个乡7724个村坐落在山区，占河北省山区总面积的27.6%，占河北省国土总面积的17%②。但是由于域内多为山地，土地资源利用率低，交通基础设施薄弱，再加上该区域内人们受教育的程度普遍偏低，居民的收入渠道单一，河北太行山地区仍是一片贫瘠的土地，山区脱贫的任务依然艰巨。为帮助山区脱贫，上世纪80年代，河北农业大学就承担起了太行山区的科学开发和扶贫任务，积极探索走出了一条把科技送给农户，把知识传授给农民，产学研相结合的道路，被誉为"太行山道路"。通过文化创意将河北太行山的文化资源开发、打磨、赋以灵魂，或许可以成为助力河北太行山区精准脱贫的另一条道路。2015年11月，全长680公里的太行山高速公路开始建设。这条贯穿太行山区全境的公路，将分布在太行山周边星罗棋布的文化资源串连起来，为建设河北省太行山文化产业带提供了最基本也是最重要的交通基础设施保障。

其次，还要看到河北太行山地区有着丰富的非物质文化遗产遗迹、手工艺品以及文化旅游等资源，河北省太行山区非物质文化遗产资源数量丰富，种类繁多。从数量来看，在第一批、第二批国家级非物质文化遗产名录中，河北省太行山区非物质文化遗产资源入选的有20项。在已公布的五批省级非物质文化

---

① 《瞭望》资料室：《河北省太行山区简介》，《瞭望周刊》1986年第28期。
② 王俊祥、王金营：《贫困山区发展中的非经济因素分析——以河北省太行山贫困区域为例》，《河北大学学报》（哲学社会科学版）1999年第3期。

遗产名录中，河北省太行山区入选的非物质文化遗产达到131项。从种类构成和资源价值来看，河北省太行山区的非物质文化遗产除了传统医药类项目数量相对较少外（目前仅1项），民间音乐、民间舞蹈、民间文学、传统戏剧、曲艺、民间美术、传统手工技艺、杂技与竞技、民俗等非物质文化遗产项目数量均相当丰富。其中不少项目知名度较高、影响较大。在太行山地区主要有曲阳石雕、定瓷、磁州窑、易水砚、高粱秸秆、沙河豆面印花、沙河四匹缯布、沙河孔明锁、井陉绵河水磨等一些非常有代表性的历史悠久、技艺纯熟的民间工艺品。而太行山美丽的自然风光和深厚的历史文化底蕴相结合，给予了太行山大量的文化旅游资源，野三坡、清西陵、娲皇宫、苍岩山等均是享誉全国的旅游景点，近代以来太行山区还成为重要的红色革命地区。红色文化成为太行山地区文化旅游的一张名牌，平山西柏坡更是5A级风景区。太行山地区还拥有丰富的陶瓷文化、墓葬文化、始祖文化、宗教文化、医药文化等。太行山地区因地处山区，众多的古村落、古镇被完整地保存下来，拥有众多的国家级历史文化名村名镇。

当然，河北太行山地区文化产业的发展还处在起步阶段，与其他文化产业发展较好的区域存在巨大的差距，当前太行山地区文化产业的发展基本上处于单打独斗的状态，文化产业的集聚化程度很低，非物质文化遗产、手工艺品以及文化旅游资源都相对分散，即使是较为集中的地区也没有形成产业集聚，更不要说做大做强了，品牌建设的路途也任重而道远，人们对太行山区还是贫困以及红色革命老区的刻板印象。另一方面，对于文化产业链的挖掘也不到位，河北太行山地区拥有众多而丰富的文化资源，而这些资源基本还停留在十几年前甚至几十年前的状态，没有赋予其新时代的因素和特色，政府支持的力度也跟不上，很多优惠政策没有落实就打了水漂，投融资服务也不到位，科技手段的运用也处于初级阶段，复合型的专业人才少之又少，战略性大规模的开发还没有开始，很多文化资源都没有得到妥善的保护，失传或者被破坏的现象都很普遍，在设计制作、包装推广等方面还做得不够，文化产业园区和文化产业公共服务平台的建设都还处于相对停滞的状态。

上述问题可以通过战略性的规划和实施得到改善，首先需要明确河北太行山地区文化产业发展要走一条产业带构建的路径，要厘清河北太行山地区现有的文化资源的历史、现状以及存在问题，才能在这些基础上构建未来的规划，对这些文化资源要分门别类，实地走访和调研，只有一个可靠可信的调研结果才可能制定出合适并且前瞻的战略。宏观上，需要明确文化产业如何布局，主导产业和相关产业、区域发展与全局发展、不同的点线面的安排都是在战略规划中需要考虑的问题，在这一点上政府的作用不容忽视，尤其在当前体制下，政府一定要发挥积极的主导作用，对本区域的文化产业有一个全面的认识，并且充分意识到发展文化产业的急迫性和重要性，打破各层级壁垒，创新管理体制，建立相应的机构或者绿色通道，出台各项优惠政策，以市场为导向，支持大企业、集团的发展，推动区域文化产业集群化发展，在投资、金融、知识产权等公共服务上下大力度改变，在基础设施建设上要着重加大投资，还要重视人才的作用以及充分利用科技等因素促进本区域文化产业的发展。企业、个体要看到文化产业的前景，拥抱更大的文化产业市场，不断提升自身的创新能力和应变能力，把文化产业的发展作为推动个人、家庭、作坊以至企业、集团发展的不竭动力，创造多种文化产业发展形势，充分保护和利用现有的文化资源，还要对现有的文化资源进行创新、改造以及提升，加大宣传和推广力度，注入科技、文化、历史等更多的内涵，提升产品和行业的品质。当然还要重视各种中介组织、行业协会的作用，这些中间角色要扮演好纽带作用，在规则的制定、问题的发现和行业的改革以及行业的形象维护、纠纷处理等方面要切实担起应有的责任。

河北省太行山文化产业带的构建与发展是一个系统的工程，需要众多的要素参与进来合作共赢。

二、产业带及文化产业带的文献综述

(一) 产业带的概念

产业带概念最早是由美国学者德基尔（S. Degeer）提出，随后维尔纳·桑巴特（Werner Sombart）、佩林克（Pelinck·J）、沙利文（E·C·Sullivan）等学者对产业带进行了更深入的研究。中国学术界对产业带的研究始于20世纪80年代，中科院地理所陆大道院士提出的"点—轴空间结构系统理论"被认为是我国产业带研究的开端。"点—轴空间结构系统理论"认为，工业生产（无论采掘、原材料和加工工业，以及第三产业的众多企业）都是产生和集聚在"点"上并由线状基础设施束（包括各类交通干线、能源供应线、水源供应线等）彼此连接在一起；农业虽然是面状的，但农业生产的组织、管理机构、农业企业也大都集中于"点"上，重点开发轴线的发展，从而便形成了产业集聚带。① 之后，费洪平、郭振淮、张文尝、巫东浩、丁四保、陈才等学者从各自的研究对象和目的出发，分别从不同角度界定了产业带的内涵。目前，关于产业带的概念，普遍的共识是，"产业带是以线状基础设施束（包括铁路、公路等运输干线及其组合、能源动力及水供应线、邮电通讯设施等）为发展主轴，以轴上或其紧密吸引区域内联系密切的城镇或城镇群为主要载体，建立在沿线众多产业部门密切协作的基础上，由产业、人口、资源、信息、城镇、客货流等集聚而成的带状区域产业经济系统。在这个系统内部有其特定的产业结构、资源结构、技术结构，并且建立了紧密的经济技术联系和生产协作。地理位置、自然资源、线状基础设施束、产业体系和城镇群是构成产业带的5个基本要素。"②

产业带的形成是区域经济发展的一个显著特征，最初的产业带多是沿江（河）发展形成，比如欧洲莱茵河经济带、日本太平洋经济带，后来随着工业化和区域经济的发展，出现了沿铁路、沿综合运输通道、因资源聚合等形成的产业带，比如英国西北部的伯明翰、曼彻斯特、利物浦等地，美国波士华交通经济带等都是因煤铁资源丰富而形成了产业集聚中心。目前，我国现有的产业带有长江经济带、中国京九铁路经济带、哈大高速公路经济带、胶济铁路沿线经济带、陇海—兰新经济带、河西走廊星火产业带等。

---

① 李祥妹：《产业带及其创新研究》，华中师范大学2001年硕士论文。
② 张从果、刘贤腾：《产业带内涵界定与发展演化探讨》，《特区经济》2008年第3期。

(二) 产业带的国内外研究综述

1. 国外研究综述

国外对产业带（industry belt/industry zone）的研究成果较少，更倾向于区域合作问题的研究。

第一，从空间结构角度来进行研究。如 Laura Resmini (2003)[①]从空间结构角度出发，通过计量经济学的证据，对扩大区域一体化范围进行了研究，目的是为推进区域一体化进程确定合理的合作模式；J. O. Baerenholdt（2009）[②]从地理文化、生活模式几个角度出发，谈了区域合作发展的关系，指出要提高对政策制定和社会发展的关注。

第二，从合作对策角度来进行研究。如 T. N. Srinivasan (2004)[③]对中国和印度各自的工业化战略进行了回顾，并针对当前两国的地区差距和各自的发展特点，指出两国要加强产业一体化进程，实现互惠互利，来提升发展中国家的利益；David Doloreux 和 Saeed Parto（2005）M. Sokol（2009）[④]指出区域联通可以定义为方便人流、物流、信息等从一个区域转移到另一个区域而进行的区域经济协作。交通方便程度是促进区域发展的重要因素，可进入性强的地区经济发展会更好，区域连通水

[①] Laura Resmini. Economic Integration, Industry Location and Frontier Economies in Transition Countries. Economic Systems, 2003, 27 (2): 205–221

[②] J. O. Baerenholdt. Regional Development and Noneconomic Factors. International Encyclopedia of Human Geography, 2009: 181–186

[③] T. N. Srinivasan. China and India: Economic Performance, Competition and Co-operation: an Update. Journal of Empirical Finance, 2004, 15 (4): 613–636

[④] M. Sokol. Regional Connectivity. International Encyclopedia of Human Geography, 2009: 165–180

平更高的区域可以提高自身的竞争力。

由此可以看出,国外从空间结构出发对这个问题进行研究的情况比较多,探讨跨国、跨地区、跨政府的合作问题,对区域竞争力的提升提出了解决对策。

2. 国内研究综述

国内关于产业带的研究主要集中在理论和实证两个层面。其中,理论研究在引进和吸收国外产业带理论研究的基础上,形成的关于产业带的研究成果主要集中于以下几个领域:

(1) 产业带的形成、结构与演化

产业带的形成是区域发展中极化过程和扩散过程相互作用、相互促进的结果,其空间演变大致经历了低水平的均衡阶段、核心—外围式空间结构阶段、多核心空间结构阶段、网络化均衡空间结构阶段等四个发展阶段。[1] 在此基础上,一些学者展开了对(典型)产业带的形成机理、演化过程、扩散模式和生命周期特征等的深入而系统的理论研究。如费洪平、傅小锋等分别对胶济沿线产业带、长江经济带、哈大工业带、成渝经济带、沿东陇海线产业带的产业结构和空间结构问题进行了研究。

(2) 产业带的边界界定与规划方法

正确划定产业带的范围是定量分析和经济指标分析的前提。目前,我国产业带范围的划分主要包括企业微观分析与宏观区域研究相结合方法、梯度函数划分法、几何划分法等。此外,在产业带的规划方法研究方面,一些学者不同于发改委综合性

---

[1] 费洪平:《产业带空间演化的理论研究》,《热带地理》1993年第3期。

的"五年规划"、城市总体规划以及土地利用总体规划,相继展开了产业带边界的确定、产业带的发展方向及战略目标的确定、产业带内主导产业的选择确定、沿线产业的布局规划、产业带周边小城镇建设与规划等方面的研究,并对高速公路产业带的产业布局和规划方法等进行了中小尺度的区域交通经济带规划尝试。

(3) 对产业带与城市发展关系的研究

有学者从理论研究的角度出发探讨"城市经济带"的相关理论问题,旨在达成对产业带与城市发展关系的理论认识;还有学者从实现产业、城市互动发展的内在要求的角度出发,对打造城市产业密集带的对策进行了探讨。有学者通过分析沿高速公路的高新技术产业带的形成机理和构成因素,提出借产业带整合城市各自不同功能,优势互补,促进两端城市联动发展的创新策略。[1]

(4) 交通经济带的研究

交通对于区域经济的发展有着广泛而深刻的影响。一般而言,交通运输对于区域内的经济要素有着巨大的吸引作用,产业、人口、资源、城镇等要素常常以交通运输线为轴进行集聚而形成产业带。这极大地吸引了地理学者的关注,并进行了大量的实证研究,例如从时间、空间和结构等角度对交通运输在经济空间结构演变中的作用的实证分析,对主要高速公路沿线社会经济效益、生产要素集散机理的实证研究、铁路提速对客

---

[1] 赵晶媛:《沿高速公路形成高技术产业带的理论分析及两端城市的联动发展》,《中国科技论坛》2007年第12期。

运网络系统优化及其格局的影响评价等。除实证研究外,关于交通经济带的概念、评价模型、交通经济带与"点—轴系统"的关系、交通经济带的类型划分、交通经济带的生命周期等理论研究也日益深入。

(5) 高新技术产业带的研究

关于高新技术产业带的布局与发展的研究,有程茂吉、王晓梅和李寿德等关于高新技术产业带的内涵、性质和类型、构成和功能、理论模型、形成机理的研究,顾朝林和赵令勋的中国高新技术产业带的布局研究,夏海钧的国家级高新区菱形发展布局的合理化建议,陈汉欣的中国沿海地区高新技术产业的建设布局问题,罗怀良和陆大道等关于成绵德高新技术产业带和中国西部地区高新技术产业发展问题研究,关伟的基于市域范围的高新技术产业布局模式研究[①]等等。

从实证研究的层面来看,自 20 世纪 80 年代以来,我国学者陆续开展了对长江经济带、沿海经济带、京九经济带、哈大交通经济带、胶济产业带等在国内具有重大影响的产业带以及长春—吉林产业带、成渝产业带、沪宁产业带、陇海线产业带、河西走廊产业带等地方性产业带的研究,并且取得了丰硕的研究成果。比如费洪平的《产业带边界划分的理论与方法——以胶济沿线产业带实例分析》、方一平的《成渝产业带产业结构的相似性及其结构转换力的分析》、陈雯和虞孝感的《长江产业带的建设特征、问题和思路》、马延吉、蒋健权和佟连军的《哈大产业带结构调整优化及重点产业发展》、朱勤虎的《沿东

---

① 关伟:《产业带的研究进展与展望》,《地理教育》2007 年第 6 期。

陇海线产业带科学崛起的对策措施》等。此外，在研究领域方面，与以往相比，当前的产业带实证研究更加集中于对于产业集群、高速公路经济带、高新技术产业带等的应用研究，研究领域不断突破，研究空间尺度也逐渐变化。从产业带实证研究的空间分布上来看，我国的产业带研究主要集中在沿海、沿江和沿线领域，沿边产业带研究明显不足。从地区上来看，我国的产业带实证研究主要集中在发达地区，对于欠发达地区的产业带研究尚处于起步阶段。

（三）关于文化产业带的文献综述

1. 文化产业的研究视角

关于文化产业的研究一直以来有两种视角，一种是偏重文化理论研究，一种是偏重产业理论研究。文化理论是文化产业理论的基础理论部分，西方文化哲学、文化研究（Cultural Studies）等学术领域为文化理论留下了重要学术资源，我国学者在此基础上对文化与创意的概念、文化工业、文化产品的审美属性、文化消费的符号价值等问题展开了深入剖析。[①] 产业理论主要涉及到产业布局、产业规划、产业模式、创意经济、产业经济学等方面的研究。毫无疑问，本书应归属于后者，因此，在论述相关研究时将主要阐述涉及文化产业理论。

2. 文化产业带的研究

文化产业是按照工业标准，生产、再生产、储存以及分配文化产品和服务的一系列活动。文化产业作为一种特殊的文化

[①] 周建新、胡鹏林：《中国文化产业研究 2016 年度学术报告》，《深圳大学学报（人文社科版）》2017 第 1 期。

形态和经济形态,是具有精神性、娱乐性的文化产品的生产、流通和消费活动,且因其相对于传统产业来说更具有创意性、设计性、服务性等特征,因此被称为最具有蓬勃生命力的"朝阳产业"。有关文化产业研究的文献很多,但是针对文化产业带专门阐述的文章还较少。不过随着文化产业在国民经济中的比重日渐提升,再加上文化产业本身就事关国民文化生活水平,因此,文化产业的发展提升到国家战略层次,在"十三五"发展规划中将文化产业的发展重点放在了其带状发展的空间布局。有关文化产业带方面的文献也多出现在近几年,综合梳理文献发现主要有两方面的研究:一方面是关于整个国家的文化产业带的研究,这些文章站在更加宏观的层面上,对全国的文化产业带进行了划分,或论述其发展趋势,或思考其发展策略;另一方面的研究是从中观和微观入手,对于区域的文化产业带发展进行探讨。

(1) 宏观层面

范建华在《带状发展:"十三五"中国文化产业发展新趋势》认为可以根据地域文化将中国分为六大文化产业带,还强调了在文化产业带发展的顶层设计上要强化大数据的理念,但是对于具体的文化产业带的构建没有阐释。康明的《我国六大文化产业带战略布局研究——基于点轴理论视角》依据点轴理论,以东、中、西三大经济梯队为我国文化产业发展的纵轴,以黄河流域、长江沿岸作为横轴,构成"三纵二横"发展轴线,文化产业的节点主要选择了各个轴线上的省会城市。在综合考量文化产业集聚区空间布局和文化产业集聚区内节点的层级性、丰富性程度及文化要素水平后认为我国可形成六大集聚产业带：东部的环渤海文化产业带、长三角文化产业带、珠三角文化产业带、中部的中原文化产业带、西部的西北文化产业带和西南文化产业带。①该文较为全面地阐释了文化产业带在"点"、"轴"上的选择和布局，但侧重点还是放在了空间结构上，对于文化产业带的文化元素上的挖掘和阐释还不到位。

（2）中观层面

区域文化产业带的研究是文化产业带文献中重要组成部分，也是各个省市以及相关区域文化产业研究的重点，这些文章大多从当地特色和资源入手分析优劣势或者阐述发展现状和存在的困境，最后再提出解决措施或者未来发展的趋势。如王青亦的《丝绸之路文化产业带发展战略研究》从文化旅游、演艺娱乐以及工艺美术三个方面分析了丝绸之路沿线的文化资源，并从这三种文化资源类型的特点出发，提出构建文化产业带的策略。刘怀玉的《淮扬运河文化产业带：中国大运河标志性文化品牌》提出淮扬运河文化产业带是以淮扬运河为主轴，打造文化与经济结合为特征的新型产业带，并在分析了有利条件和制约因素之后从观念更新、制定规划、以项目建设为抓手以及科技支撑四个方面提出了具体的发展路径。

还有些文章以当下国家战略和区域发展重点政策、规划为背景，对区域文化产业带的发展进行理论探讨和前瞻性思考，包括顶层设计、战略架构、相应机制等。如耿达、傅才武的

---

① 康明：《我国六大文化产业带战略布局研究——基于点轴理论视角》，《重庆与世界（学术版）》2013年第8期。

《带际发展与业态融合：长江文化产业带的战略定位与因应策略》提出文化产业的空间布局应为带际发展，文化产业的结构调整要转向业态融合，这其中业态融合有"渗透型融合、重组型融合和延伸型融合"三种模式，在此基础上得出打造长江文化产业带需要依托国家建设长江经济带的历史机遇、对接"一带一路"发展战略、促进长江文明与文化创意产业的协同创新，在具体战略实施中坚持文化产业引领发展、融合发展和理性发展的理念。胡惠林的《关于区域文化产业战略与空间布局》从历史和当下两处着眼，从理论层面上分析了文化产业空间布局的特有规律，第一是依附性，文化产业布局依附于人口聚居的地区，沿着城市形态的发展而发展，第二是趋集中性，文化产业布局不断地朝着大城市和超大城市集中，总结出文化产业布局的战略选择应既促使区域文化产业与文化企业的趋集中化又要合理分散。基于我国文化产业发展的多元化和混合型特征，文章提出我国区域文化产业布局战略选择的四种价值取向，即空间布局重组与结构性调整相结合战略、战略产业主导与相关产业辅助相协调战略、非均衡发展与区域一体化相兼容战略和增长极建构与分阶段布局相呼应战略。刘吉发、袁春潮的《跨域治理与区域协同：丝绸之路文化产业带建设的时代审视》，提出丝绸之路文化产业带的建设要采用政府主导、市场运作、社会参与的跨域治理模式，并从政府、文化企业和文化社会力量三个层面建立协同治理机制，通过资源整合、优势互补、合作联动的区域协同路径发展丝绸之路文化产业带。袁北星、黄南珊的《湖北长江文化产业带发展的前瞻性思考》提出了鄂江文化产业带未来发展的战略目标、战略思路及其路径选择。构建鄂江文化产业带要加快构建资源整合、产业联动、多元化投融资和人才培育四个重要机制,抓好培育骨干企业、壮大产业集群、强化品牌运营和完善文化市场体系四个重要环节,并把握好强力推进文化科技创新的战略重点。

(3) 微观层面

还有一类从更小的范围入手,针对区域某一具体的文化资源的文化产业带建构进行探讨,措施也更为具体,如郑高杰、冯泽民、叶洪光的《湖北传统刺绣文化产业带的建构》分析了集中式、散布式、集—散式三种产业带的构建模式,根据对鄂湘豫等地区的考察,发现相关工艺美术行业发展较好的品类,都比较符合"集—散式"的模式。再譬如杜汉华的《打造媲美"莱茵"的汉水文化旅游产业带》,孟广朝、孟琛博《河南省建设传统体育文化产业带战略构想》等。

总体而言,有关区域文化产业带的文章多从地方和区域出发,而且很多都有一手的当地材料,具体而细微分析一城一地的文化产业带应该如何构建和发展。

本书着眼的河北太行山文化产业带的构建和发展也属于区域的文化产业带的论述范畴,有关河北太行山地区的文化产业带发展的论文几乎没有,只有较少与文化产业相关的论文,诸如太行山文化旅游、太行山生态文明村建设、太行山区域综合发展等研究可以作为参考。因此其他区域的文化产业带的发展、布局以及相应的具体措施和策略对于河北太行山地区文化产业带建构和发展具有很强的借鉴意义。

三、研究框架

本书共分为六章，结构如图 0-1。

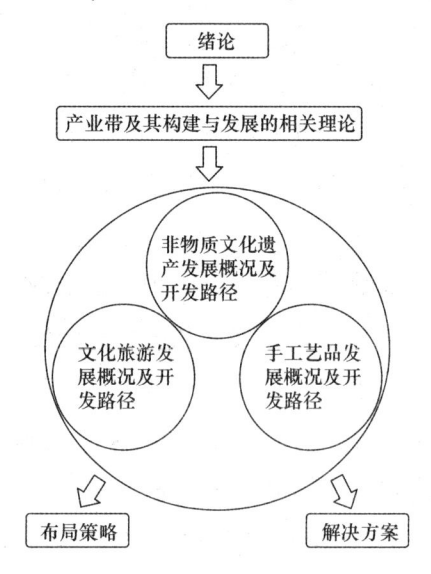

```
           ┌──────┐
           │ 绪论 │
           └──────┘
              ↓
    ┌──────────────────────┐
    │产业带及其构建与发展的相关理论│
    └──────────────────────┘
              ↓
         ╱─────────╲
        ╱ 非物质文化遗 ╲
       │  产发展概况及  │
       │   开发路径    │
    ╱───╲           ╱───╲
   ╱文化旅游发╲     ╱手工艺品发╲
  │ 展概况及开 │   │ 展概况及开 │
   ╲ 发路径  ╱     ╲ 发路径  ╱
    ╲───╱           ╲───╱
       ↓                ↓
   ┌────────┐      ┌────────┐
   │布局策略│      │解决方案│
   └────────┘      └────────┘
```

图 0-1　本书的研究框架

本书的主体部分主要分为四个部分，分别为产业带及其构建与发展的相关理论、河北太行山文化产业带非物质文化遗产、手工艺品以及文化旅游的发展概况及开发路径、河北太行山文化产业带的布局策略以及河北太行山文化产业带构建与发展的解决方案。

第一部分也就是第一章的内容，该部分主要为本书的研究确定理论基础。主要包括两部分内容，一是产业带这一概念的定义、特征、类型、形成与发展的演化机制；二是产业带构建与发展的两个理论依据——增长极理论和"点—轴系统"理论。

第二部分包括第二、三、四章。该部分对河北太行山文化产业带非物质文化遗产、手工艺品以及文化旅游的资源进行全面梳理,并提出初步的开发策略。

第三部分即第五章——河北太行山文化产业带的布局策略。该部分从产业布局及文化产业布局的阐释出发,对河北太行山文化产业带布局存在的问题进行了全面的剖析,并在此基础上提出了河北太行山文化产业带布局的原则、总体思路和对策。

第四部分即第六章——河北太行山文化产业带构建与发展的解决方案。该部分从微观、中观、宏观三个视角构建系统化的解决方案。分别为企业——整合资源战略先导;行业协会——做好桥梁纽带;政府——把握整体发展态势。

四、研究方法

(一)文献研究法

先搜集、整理、描述河北太行山文化产业带的文化产业资源、文化产业发展现状,通过查阅大量的文献资料来整理、分析现有的情况,在中国知网中搜索"文化产业"、"文化产业带"、"文化产业布局"、"太行山文化产业"等方面的期刊论文、硕博士论文;在百度上搜索相关的数据调查、新闻报道、研究报告,从建立对全国文化产业带发展的全局观念再深入到区域的文化产业带的构建和发展;阅读相关的学术著作,进而运用战略管理理论、竞争理论、市场营销理论、产业组织理论、文化产业理论对河北太行山文化产业带的发展机遇、崛起路径进行探索，结合经验研究与规范研究两种方法，建构河北太行山文化产业带的发展策略。

（二）实地调查法

本书为了科学准确地对河北太行山地区文化产业带的发展情况进行归纳总结，因此深入到河北太行山地区文化资源丰富的地区进行实地调查，对当地的产业集聚、文化创意园布局安排的情况进行实地考察，对相应的配套服务设施，创意、设计、包装、宣传等生产流程进行考察，对融资情况、知识产权保护进行调研。

（三）深度访谈法

采用电话访问和当面访问的方式。主要对政府和企业管理人员进行电话访问，深入了解他们对于河北太行山地区文化产业带现有的发展情况、存在问题的判断，对于电话访问中回答较好以及重要的人员进行面访，就太行山文化产业带构建的保障机制、布局安排以及其他建议及时进行深度访谈。

（四）案例分析法

河北太行山地区的文化资源丰富，各地的文化旅游资源、非物质文化遗产资源、手工艺品资源的情况各不相同，但是也有一定的共性存在，因此本书将选择较为典型的案例进行分析，深入了解河北太行山地区文化产业带的情况。

（五）比较分析法

文化产业是一定空间地域内文化与经济长期交融、相互作用、相互影响的结果，是历史文化与现代经济共同作用的产物，在文化产业带的构建和发展中有着区别于其他产业的独特之处。河北太行山的文化产业带落后于长江文化产业带等地方的发展,同时又有着自身极强的特色,因此本研究运用比较研究的方法对河北太行山文化产业带与其他区域文化产业带进行比较分析,以期得出符合河北太行山地区的策略和可行路径。

第一章　产业带及其构建与发展的相关理论

第一节　产业带的特征与类型

一、产业带及文化产业带的特征

一般而言，产业带具有以下特征：①空间构成呈条带状，依靠一种或多种线状基础设施发展起来，如铁路、公路、沿海、沿河、沿边等；②产业带内分布有多种产业，且构成成分复杂；③产业带所处区域的经济增长速度、经济增长规模较快，从横向来看，区域内经济增长、经济规模、经济密度等发展指标沿产业带中心向外递减，具有梯度变化规律；④产业带整体呈现开放型，与周围地区联系密切，在所处区域内地位突出而重要，并对该区域产生广阔而深远的影响。作为一个复杂的带状区域经济系统，产业带有其自身的构成要素，包括丰富的自然资源、发达的交通运输条件、几个中心城市和众多的产业实体。其中，自然资源是产业带形成和发展的物质基础，交通运输条件是产业带形成和发展的前提条件，中心城市是产业带发展的依托，产业实体是产业带的主体。

不同的产业具有不同的产业特点，不同产业的空间布局也各具特色。不同于其他的产业部门，作为一种特殊的产业形态，文化产业带在空间布局上除了上述一些基本的特点之外，还具有其特有的一些特征：

（一）依附性

文化产业带的依附性特征体现在两个方面：一是依附于人口聚居区，越是人口聚居的地区也往往是文化产业布局的集聚区。城市往往是人口聚集最集中的空间所在，所以现阶段文化产业布局主要集中于首都、直辖市、省会城市等大城市或大城市群周围。学者康明按照我国的东、中、西部的梯队结构认为我国可形成六大文化产业带，分别是东部的环渤海文化产业带、长三角文化产业带、珠三角文化产业带；中部的中原文化产业带；西部的西北文化产业带和西南文化产业带。其中，环渤海文化产业带以北京为中心节点，以天津、济南、青岛、沈阳、大连等为次级文化节点；长三角文化产业带以上海为中心节点，以南京、杭州、苏州等为次级文化节点；珠三角文化产业带以广州、深圳为中心节点，以珠海、东莞为次级中心节点。[1]

二是依附于沿线区域丰富多样的文化资源。比如，丝绸之路文化产业带的打造依托于丝绸之路沿线丰富的文化资源。丝绸之路起于中国，是连接中国与西亚、非洲以及欧洲的古代贸易路线，其中，丝绸之路文化产业带中国段的文化资源范围广泛、数量众多，包括有世界遗产中国段22处遗产点，包括河南

---

[1] 康明：《我国六大文化产业带战略布局研究——基于点轴理论视角》，《重庆与世界（学术版）》2013年第8期。

省4处、陕西省7处、甘肃省5处、新疆维吾尔自治区6处；各批次全国重点文物保护单位其中河南358处、陕西233处、甘肃131处、新疆113处；国家5A级旅游景区河南9项、陕西5项、甘肃3项、新疆8项；各批次国家非物质文化遗产收录的文化资源，比如新疆的格萨尔、塔吉克族鹰舞、甘肃青海的花儿、敦煌曲子戏、陕西的秦腔、皮影戏等。这些优秀的历史文化资源及其所依托的丝路文化生态共同构成了丝绸之路文化产业带的文化资源。①

(二) 集聚性

文化产业带，指的是随着现代社会城市化进程的发展以及交通通信等基础设施的完善，文化产业往往以高速公路、铁路等交通设施为基础，以大中城市为节点进行点轴结合的线状集中布局。根据我国国家统计局关于文化产业分类指标体系的划分，文化产业分为核心文化产业、外围文化产业和相关文化产业三大类，②文化产业带将这三种类型的文化产业集中在一定的区域中形成产业关联。文化产业并不是一个独立的自给自足的生产系统，文化产业的空间集聚是文化产业发展的重要模式。其中，文化需求、文化人才、文化资本、文化资源、市场和政府等因素是促成文化产业集聚的重要动力因素。

文化产业带的集聚性对于区域文化经济的发展具有非常大的作用：一是可以集中当地有限的文化资源，将原来分散的文

---

① 王青亦：《丝绸之路文化产业带发展战略研究》，《北华大学学报（社会科学版）》2015年第4期。
② 胡慧林：《区域文化产业战略与空间布局原则》，《云南大学学报（社会科学版）》2005年第5期。

化产业集中起来安排，便于加强管理，做大做强，从而实现区域内的规模经济效应；二是有利于优化文化产业的资源组合，实现对区域内文化资源的优化配置和有效利用，促进文化产业的集约化发展及其核心竞争力的提高；三是促进了区域内市场信息的流动，有利于节约文化资源的流通成本，增强文化企业的灵活性，促进文化扩散能力和文化创意的产生；四是将文化产业与区域内的其他产业形成关联，增强了文化产业对其他行业的渗透，促使文化能力向社会能力的转化，从而有利于获取最大的边际效应，产生更大的经济效益。

(三) 现代性指向

文化产业带的现代性指向特征指的是，文化产业带随着科学技术的发展实现自我的内在发展，其发展与科学技术水平的提高、区域文化经济的发展、城市化进程等有着十分密切的联系。文化产业带的这一特点主要是由文化产业的产业特征决定的。文化产业属于知识密集型产业，它的发展离不开科学技术的驱动和引领。科学技术是文化产业实现跨越式发展的根本途径，为文化产业带的可持续发展提供了技术保证和动力支撑。技术的进步和创新推动了经济的发展，区域经济的发展为文化产业带内资源要素的集聚和优化配置、产业质量和效益的提高提供了基本保证和动力支持。

以湖北长江文化产业带（也称鄂江文化产业带）为例，湖北长江文化产业带沿江地区涉及武汉、黄石、宜昌、鄂州、黄冈、荆州、咸宁、恩施8个省辖市的48个县市，沿线有7个国家级高新技术开发区（武汉3个，黄石、鄂州、荆州、宜昌各

1个）以及武汉东湖高新区国家级文化和科技融合示范基地，以武汉为核心的城市集群集中了多所高等院校和科研机构，其教育科研实力非常雄厚，高新技术力量战略集聚，科学技术人才强势集聚，从而为文化产业带推进文化科技创新奠定了坚实基础，提供了有利条件。此外，湖北长江文化产业带的发展依托于鄂江经济带，近年来，鄂江经济带的生产总值占全省比重超过60％，在全省经济发展格局中具有举足轻重的地位。湖北长江经济带成为了全长江流域产业高度集聚、产业要素富集、充满创新活力的地区之一。[1] 文化产业的空间集聚也与城市化或再城市化进程密切相关。比如日本的名古屋在400多年前曾是娱乐业中心，但是第二次世界大战后，名古屋变成了废墟，在灾后重建过程中，当地政府提出要把主要精力集中在创意社区中，并开始酝酿建造一座"设计之都"，在这样口号之下，名古屋积累许多重要创意和设计资源，并获得"创意城市"的美誉。日本名古屋就是依托城市化发展不同阶段的特点，把文化产业集聚发展与城市功能的再改造相结合。[2]

二、产业带的分类

关于产业带的分类，依据不同的标准可以做出不同的分类，比如按照产业带的产业主体，可将产业带分为农业产业带、工业产业带、制造业产业带、高新技术产业带、生态旅游产业带

---

[1] 袁北星、黄南珊：《湖北长江文化产业带发展的前瞻性思考》，《湖北文理学院学报》2012年第9期。

[2] 戴钰：《文化产业空间集聚研究》，武汉理工大学2012年博士学位论文，第39页。

等；按照产业带依托的发展轴线可将产业带分为沿海产业带、沿河（江）产业带、沿陆路通道产业带和沿综合运输通道产业带；按照产业的类型可分为单一产业带和综合产业带；按照产业带的生命周期可分为雏形期产业带、增长期产业带、成熟期产业带和衰退期产业带等。由于本书的研究对象主要着眼于河北省太行山地区文化产业带的构建与发展，所以我们将产业带分为以下三种类型：

（一）文化产业带

文化产业带是指文化产业的空间布局突破传统区域环状分布而代之以线性带状分布，将文化产业的诸多要素进行有机的市场化配置与整合，从而突破行政区划的阻隔和产业门类的分割，最终实现国际化生产、交换与消费的整体共赢的文化产业发展大格局。[1] 目前，我国已形成六大区域性文化产业带，分别是长江经济文化产业带、环渤海湾经济文化产业带、藏羌彝文化走廊、黄河中原地区文化产业带、珠江经济文化产业带和京杭大运河文化产业带。2013年9月和10月，国家主席习近平在出访中亚和东南亚国家期间，先后提出共建"丝绸之路经济带"和"21世纪海上丝绸之路"的重大倡议，此后"一带一路"的建设纳入国家战略规划。丝绸之路产业带的建设依托于沿线丰富的文化资源，既是一条经济产业带，也是一条文化产业带，丝绸之路文化产业带的构建体现了我国文化产业发展的国际化，促进了我国文化产业发展的多元性。

---

[1] 范建华：《带状发展："十三五"：中国文化产业发展新趋势》，《云南师范大学学报（哲学社会科学版）》2015年第3期。

(二) 经济产业带

经济产业带，一般又称为经济带，是以运输通道（包括各种运输干线及其组合、能源动力及水供应线、邮电通讯设施等线状基础设施束）为发展主轴，以轴上或其紧密吸引域内 (50~80km) 相互联系密切的城镇或城镇群为主要依托的不同等级的发展中心及其经济活动共同组成的带状区域经济系统。[1]经济带是产业带的基础，由发达的产业和密集的城市构成，产业带是经济带更高的形式和阶段，是所在区域最富活力的核心地带。一个经济带内通常可以存在多个产业带。文化产业带的发展常常依托于经济产业带的建设。长江文化产业带的构建主要依托于长江经济带。长江经济带是指长江附近的经济圈，横跨我国东中西三大区域，覆盖上海、江苏、浙江、安徽、江西、湖北、湖南、重庆、四川、云南、贵州等 11 省市，2014 年"两会"期间，李克强总理在《政府工作报告》中提出"要依托黄金水道，建设长江经济带"，长江经济带建设开始成为区域发展的重要战略。长江流域具有优越的区位条件和丰富的文化资源，作为区域复合产业带的长江经济带必然包括文化产业带，后者是前者的一个重要构成维度。同时，文化产业带也是深化落实经济产业带的具体途径。文化产业因其具有的价值溢出效应、增值效应以及高知识性、高创意性和低能耗、低污染等产业特性，有助于推动长江经济带转变经济增长方式，调整优化产业结构，推动区域经济的快速发展。

---

[1] 胡艳慧：《产业带的发展及其演化机制研究》，辽宁师范大学 2008 年硕士学位论文，第 12 页。

(三) 城市带

"城市带"的概念最早是由法国地理学家简·戈特曼在 20 世纪 50 年代对美国东北沿海城市密集地区进行研究的基础上提出来的,他将这一城市密集地区以希腊语 Megalopolis 来命名。其含义是指,由若干大城市或特大城市聚合形成的具有多核心、多层次性的规模庞大范围广泛的城市群体。城市带作为城市的一种空间聚合形态,是城市群发展到高级阶段的一种形式。世界上著名的沿海城市带有美国东北部大西洋沿海城市带、北美五大湖城市带、日本太平洋沿海城市带、欧洲西北部城市带和英国以伦敦为核心的城市带等。城市带的概念从地理学意义和经济学意义上来讲与产业带有相同之处,符合产业带布局的点轴开发理论。地理学意义上的产业带是指一组具有一定规模、地域相邻的城市沿交通线分布而成形成的带状城市群体。是点和线两种空间要素按线状或带状的一种空间排列组合。[①] 经济学意义上的城市带是由一组地域相邻、规模较大的城市沿交通干线分布而形成的带状城市群体,这些城市具有较强的集聚功能和较强的空间相互作用,通过信息、人口、交通和产业等资源要素的流通形成了较为密切的社会经济联系。城市带和产业带都是城市或产业沿着交通干线作轴向扩散,以城市为增长级或节点,在空间上呈带形扩展。关于城市带与产业带的关系,有观点认为产业带包含了城市带,比如长江产业带中含有几段城市带;也有观点认为在城市带中,经济活动沿交通干线进行

---

① 张立鹏:《辽宁沿海城市带发展战略研究》,同济大学 2007 年硕士论文,第 8 页。

空间集聚和扩散，形成产业带；还有观点对产业带与城市带的关系进行辩证地看待，提出了城市—产业密集带，即一个区域内的工业产业以城市为依托沿交通轴线进行带状布局。

第二节　产业带的形成和演化机制

一、产业带形成的动力机制

（一）企业衍生机制

企业衍生机制主要作用于产业带形成初期。产业集群形成主要有两条路径，一是由于区域内软硬件条件的优势，吸引区外的企业进入扎堆聚集；二是由于专业化分工愈来愈精细化，生产环节愈来愈片段化，区域内的种子企业（母体企业）源源不断地衍生出新的企业，形成分工协作、联系紧密的企业谱系。产业集群在发育成长过程中，区外企业嵌入和区内企业衍生的现象往往同时存在。与嵌入企业相比，衍生企业的集群性更强，更能体现集群的生命力，因为它是靠内生力量发育成长起来的。[1] 演化经济地理学家认为新产业集群的出现并不完全是偶然因素导致的，"企业衍生"成为惯例遗传和扩散的主要机制。[2] 企业衍生促进了产业规模的扩张，便于形成产业群落以及区域性的产业优势。在产业集群中，企业衍生一方面有助于在特定产业内形成规模经济效应，促进生产成本的降低；另一

---

[1] 郭普松：《企业衍生研究综述》，《中国商贸》2014年第9期。
[2] 张惠丽：《文化产业集群演化动力机制研究》，西安建筑科技大学2015年博士论文。

方面，地理上的趋近性和产业上关联性，为集群内知识的传播扩散提供了便利条件，集群内部的知识溢出效应推动了整个产业集群的技术更新和升级。

（二）竞争合作机制

在产业带发展初期，企业衍生机制促进了企业的集聚，扩张了产业的规模。经过一段时间的发展，区域内相似企业数量不断增多，企业产品之间的同质化程度不断加深，企业间的竞争越来越激烈。集群对企业产生了排斥力，一部分不适合集群内生长的中小企业退出集群，集群内企业的数量相应的缩小了。企业间存在的竞争机制促进了区域内产业的优胜劣汰，也促使产业带演进到成熟阶段。集群内的企业关系不只是竞争，还有合作。这种合作关系分为横向合作和纵向合作。横向合作是指生产提供相同或相似产品和服务的企业之间建立的合作关系。纵向合作是指提供互补型产品或服务的企业之间建立的合作关系，通常表现为与产业链上下游的企业建立合作关系，来获取规模经济效应。竞争合作机制的存在有利于集群内资源的合理配置，促进区域内要素的合理流动，有利于形成灵活和专业化的竞争与合作的社会网络，从而提高资源利用率。

（三）协同创新机制

协同创新机制是推动产业带可持续发展的动力来源。其中，协同机制指的是企业与外部环境之间通过物质和能量的交换所引发的协同效应以及产业集群内部企业彼此之间通过竞争合作机制所形成的协同效应。创新机制指的是，以产业集群创新环境为平台，通过内部企业之间的创新知识、市场信息和制造技术的传递和积累，增强集群综合竞争力优势、促进集群整体持续发展的过程和作用机理。影响集群创新机制形成的因素包含相关生产技术创新、政府促进创新的优惠政策和综合型创新人才培养等外部环境创新因素和集群创新发展战略执行能力、技术持续创新能力、创新知识积累能力和创新信息搜集能力等内部组织创新因素。[1] 产业集群协同创新机制则指的是以企业、高校和科研机构为创新主体，以政府、中介机构、创新服务平台等为支撑机构，以知识协同为核心，以组织协同为基础形成的协同互动网络创新机制。[2] 协同创新机制为产业带内企业的发展带来协同效应，促进了产业技术的革新和发展。

（四）政府调节机制

产业带的构建不仅依赖于企业市场的合作竞争机制，还有赖于政府"看得见的手"的调节机制，作为产业发展过程中的行动主体之一，政府在产业带的构建过程中有着不可或缺的重要性。从宏观上来看，政府的调节机制体现在为产业带的发展制定总体发展战略和规划，创造合理的制度环境，规划确定各产业之间的发展规模、发展速度、发展次序等，通过积极的政策引导文化企业向某区域集聚，通过运用宏观经济杠杆和财政、金融、税收、价格、信贷、工商管理等政策工具对区域产业结构进行调控，以协调各产业之间的发展关系，弥补市场调节的不足。从微观上来看，政府的调节机制体现在为产业带的形成

---

[1] 张惠丽：《文化产业集群演化动力机制研究》，西安建筑科技大学2015年博士论文。

[2] 韩言虎、罗福周：《产业集群协同创新机制："宝鸡·中国钛谷"的案例研究》，《中国科技论坛》2013年第11期。

建立一个结构完备、布局合理、功能整合的基础设施网络；为区域内厂商面临的共同问题，寻找解决措施；维护市场秩序，规范企业和个体行为，消除限制资源要素在产业部门之间合理流动的种种障碍，保障市场信息的通畅等。在实践中，政府也不断出台产业发展的指导文件，促进文化产业空间上的集聚和发展。例如福建省以省委、省政府名义发文《关于加快产业集聚、培育产业集群的若干意见（试行）》，提出要着力培育本地产业集群。2016年9月，《长江经济带发展规划纲要》正式印发，为长江经济圈的发展提供战略指导，这是中国空间经济战略的一个重大政策举措，将为中国经济转型发展提供重要支撑。国外政府也积极地推动文化产业的集聚发展。比如英国从1997年开始通过一系列的政策手段和大力的宣传推广，促进文化创意产业的发展。韩国政府规划了10多个文化产业园区以促进文化创意产业的集聚发展，并为每个文化产业园区提供50~300亿韩元不等的资金支持。

二、产业带空间结构的演化模式

产业带的发展反映了区域经济发展的不平衡性，正如谬尔达尔（Mydral）所言，"发展并非同时在全区域均匀进行，而首先是从一些条件较好的优势区位开始，这些增长点一旦开始发展，就通过循环累积因果过程取得增长动力，然后通过扩散效应促进整个区域的发展"。[1] 这种前后相继的过程被称为极化效应和扩散效应。在产业带空间结构的的演化过程中，极化效应

---

[1] 杨公朴：《产业经济学教程》，上海财经大学出版社1998年版，第31–34页。

和扩散效应相互影响、相互制约，在不同的发展阶段，其作用的强度和方式各不相同。在产业带形成初期，极化效应较扩散效应显著，人力、物力、财力等产业资源纷纷向经济发展条件较好、经济实力较强的增长点中心集聚，形成大小不等的集聚中心，这种集聚使得增长点中心与周围腹地的经济发展水平扩大，空间二元结构明显；在产业带形成后期，当集聚达到一定程度，扩散效应占据了主导地位，产业资源由集聚中心向周围地区扩散，增长点集聚中心与周围腹地的经济发展水平的差异逐渐缩小，区域内部经济逐步走向相对均衡发展的时期。

产业带空间结构演化的极化效应和扩散效应符合"点—轴"空间结构系统理论。陆大道在其《区域发展及其空间结构》一书中，将这种演化模式构建成如图1-1所示的模型。在生产力水平底下、社会经济发展极端缓慢的阶段，生产力是均匀分布的（Ⅰ）；到工业化初期阶段，随着矿产资源的开发和商品经济的发展，首先在A、B两点出现工矿居民点或城镇，并适应社会经济联系的需要，在A、B之间建设了交通线（Ⅱ）；由于集聚效应因素的作用，资源和经济设施继续在A、B两点集中，在这两点建立了若干大企业交通线，变成了交通线与能源供应线、电信线的线状基础设施束。在沿线有一些经济设施建立，同时，在C、D、E、F、G等点开始出现新的集聚，交通线得到相应延伸（Ⅲ）；这种模式再进一步发展，A、H、B、C沿线成为发展条件好、效益水平高、人口和经济技术集中的发展轴线；A、B点形成更大程度的集聚，C、D、E、F、G、M、N成为新的集聚中心，大量的人口和经济单位往沿线集中，成为一个大的密集产业带，不仅如此，通过 A、B、H 三点还各出现另一方向的第二级发展轴线，通过 D、I、F 等点形成第三级发展轴线。如此下去，生产力地域组织进一步完善，形成以"点—轴"为标志的空间结构系统（Ⅳ）。①

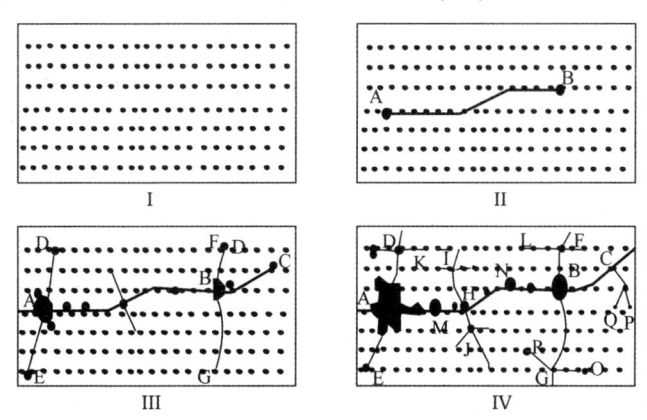

图 1-1　产业带空间结构的演化模式

资料来源：胡艳慧：《产业带的发育及其演化机制研究》，辽宁师范大学 2008 年硕士学位论文，第 39 页。

第三节　产业带构建与发展的理论依据

作为产业布局的一种模式，产业带的形成和发展、内部的调整、外部的拓展等都是以产业空间布局理论为指导的。产业空间布局理论包括区位论、空间结构理论、产业集聚理论等，根据产业带空间结构布局的演化过程可知，产业带是

---

① 转引自胡艳慧：《产业带的发育及其演化机制研究》，辽宁师范大学 2008 年硕士论文，第 38-39 页。

点轴开发模式下表现出来的产业集聚状态,因此产业带构建的理论依据主要包括空间结构理论中的增长极理论和点轴系统开发理论。其中,点轴系统开发理论是增长级理论的高级形态,是对增长极理论的进一步发展和完善。随着区域经济的发展,增长极点密度增加并且沿着线状交通基础设施束进行扩散,围绕着交通线路这条轴线进行发展的产业带便形成了。

一、增长极理论

增长极概念及其理论最早是由法国经济学家弗朗索瓦·佩鲁(P. Perroux)于1955年在其著作《略论发展极的概念》中提出的。之后,法国经济学家布德维尔的"区域增长极"理论、缪尔达尔的"二元经济结构理论"和赫希曼的"核心区—边缘区"理论都是对增长极理论的丰富和发展。增长极理论在20世纪80年代传入我国后,我国学者结合本国的实际情况,有选择的借鉴和吸收了增长极理论中的合理成分,提出了"梯度转移理论"、"点轴系统理论"、"层级增长极网络"理论等。

增长极理论是与均衡增长理论相对立的非均衡发展理论的典型代表,佩鲁指出"增长并非同时出现在所有地方,它以不同的强度首先出现在一些增长点或增长极上,然后通过不同的渠道向外扩散,并对整个经济产生不同的最终影响。"[1] 佩鲁所定义的增长极与后来经过学者丰富发展后形成的增长极概念不

---

[1] 安虎森:《增长极理论评述》,《南开经济研究》1997年第1期。

同，佩鲁的增长极指的是对其他产业具有很强的连锁效应和推动效应的产业，这样的产业被称之为推进型产业，受增长极影响的其他产业则被称为被推进型产业。推进型产业又是领头产业，它的增长速度高于其他产业的增长速度，也高于工业产值和国民生产总值的增长速度，这种产业最富有活力，同时也是主要的创新源。这种产业增加其产出（或购买性服务）时，能够带动其他产业的产出（或投入）的增长，因此被称为推进型产业，也就是佩鲁所指的增长极。这种增长极不是具体地理空间意义上的增长极，而是从一种抽象的经济空间中发展衍生出来的。后来，法国经济学家布德维尔提出了"区域发展级"理论，将佩鲁增长极概念的内涵从抽象的经济空间转向了具体的地理空间。佩鲁认为，增长极的形成至少应该具备三方面的条件：一是在一定区域内存在着具有创新能力的企业群体和企业家群体。佩鲁认为经济发展的主要动力是技术创新和进步，而创新总倾向于集中在一些特殊的企业，这些具有创新能力的企业在一个地区的集聚便形成了该地区的增长极。而具有创新精神的企业家则是创新型企业的主体，可以带动进行技术创新和制度创新。二是要有一定的规模经济效应。增长极所在区域不仅集中一批创新型企业和产业部门，而且要有效吸引资本、技术和人才等生产要素聚集，从而提高技术水平和经济效益，形成规模经济效应。这种规模经济效应可以对周围产生强大的吸引和辐射作用，并带动周围经济的增长。三是要有适宜经济增长的外部环境。这种外部环境既包括能源、交通、通信、社会服务等完善的基础设施环境，也包括良好的市场环境以及优惠政策的引导。只要良好的投资和生产环境，才能集聚资本、人才和技术。在此基础上形成生产要素的合理配置，使经济得到快速发展进而成为起带动作用的增长极。①

增长极理论主要应用于经济发展处于比较成熟阶段的区域，增长极理论自上世纪80年代传入我国以来，被广泛地运用于"珠江三角洲"、"长江三角洲"、"京津冀"等东部沿海三大经济增长级的迅速发展之中，促使我国区域经济的发展由注重公平的均衡发展转向了注重效率的非均衡发展，对于促进我国区域经济的发展，提高我国经济发展水平具有重要的意义。

二、"点—轴系统"理论及其适用性

（一）"点—轴系统"理论的内容

"点—轴系统"理论是我国著名经济地理学家陆大道院士在吸收借鉴克里斯泰勒（W. Cristaller）的"中心地理论"、赫格尔斯德兰（T. Haegerstrand）的空间扩散理论、佩鲁克斯（F. Perroux）的"增长极理论"和松巴特（W. Sombart）的生长轴理论基础上，结合对我国宏观区域发展的长期研究和深入实践形成的完整理论体系。这个理论体系包括"点—轴空间结构的形成过程"、"发展轴的结构与类型"、"点—轴渐进式扩散"、"点—轴—聚集区"等多方面内容。"点—轴系统"理论中的"点"是指各级居民点和中心城镇，是人口和各种职能集中的地方，在国家和区域发展过程中，大部分社会经济要素在"点"上集聚；"轴"，又被称为"发展轴"或"开发轴"，既

---

① 褚淑贞、孙春梅：《增长极理论及其应用研究综述》，《现代物业（中旬刊）》2011年第1期。

可以是交通、通讯干线和能源、水源通道连接起来的线状的基础设施束，也可以是社会经济发展密集带。"点—轴"之间的关系并非是静态不变的，而是动态发展变化的。随着社会经济的进一步发展，轴线上集中的社会经济设施通过产品、信息、技术、人员等对附近区域有扩散作用，这种扩散被陆大道先生称之为"点—轴渐进式扩散"，是指发自扩散源，沿着若干扩散通道（线状基础设施束）渐次扩散社会经济流，在据中心不同距离的位置形成强度不同的新集聚。[①] 这些"新集聚"在一定范围内也可被理解为是一个新的"点"，是规模和对外作用力更大的"点"。"点—轴渐进扩散式"开发，是在全国或地区范围内确定一条或几条具有有利发展条件的现状基础设施轴线，对轴线地带的若干点进行重点发展，随着经济实力的不断增强，经济开发的注意力将转向较低级别的发展轴和发展中心。与此同时，发展轴线将逐步向较不发达地区或距离发展轴线较远地区延伸，将以前没有作为发展轴中心的地带确定为较低级的发展中心。这样就在区域范围内形成了不同等级的点和轴线，它们相互连接构成了分布有序的"点—轴"空间结构。[②] 在"点—轴"空间结构中，社会经济要素将由较高等级的"点"和"轴"向较低等级的"点"和"轴"扩散，促进区域发展由不平衡走向平衡，最终实现区域经济发展的一体化。

"点—轴系统"理论是区域开发的基础性理论，是关于区

[①] 董静、郑天然：《基于"点—轴系统"理论的京津冀地区旅游地系统空间结构演变研究》，《石家庄学院学报》2006年第8期。

[②] 石培基、李国柱：《点—轴系统理论在我国西北地区旅游开发中的运用》，《地理与地理信息科学》2003年第5期。

域的"最佳结构与最佳发展"的理论，反映了社会经济空间组织发生和发展的客观规律。目前，该理论已被广泛应用于国土开发与发展规划、国家经济战略布局、区域经济发展规划、旅游开发与规划、城镇体系和区域交通建设规划以及产业带构建等不同空间尺度的不同实践领域中。

（二）"点—轴系统"理论对河北太行山文化产业带构建与发展的适用性

1. 太行山高速公路作为河北省太行山文化产业带的重要轴线，是区域经济布局的基础。在京津冀协同发展，推进京津冀交通一体化的大背景下，太行山高速公路被列为河北省交通运输厅的"一号工程"，于2015年11月25日正式全线开工建设。该项目规划全长680公里，自北向南贯穿太行山区全境。它北连北京门头沟，南接河南林州，在河北省境内经张家口、保定、石家庄、邢台、邯郸等五个设区市，途经涞源、阜平、唐县、曲阳、灵寿、行唐、平山、赞皇、内丘、沙河、武安、涉县等17个区县，辐射太行山36个区县。其中已建成（张涿、张石、保阜、西柏坡高速）和在建路段（荣乌涞源段、京昆高速石太北线）共200公里；新建部分包括京蔚段、涞曲段、西阜段、平赞段、邢台段和邯郸段6条段，共415公里；另有涞曲、石家庄、邢台三条支线65公里。新建段总计480公里，投资560亿元，建设期3年，2018年全线建成通车，届时将形成连通北京、贯穿太行山南北的交通大通道。同时，这条高速将直接连接4A级及以上景区53个，包括平山西柏坡中共中央旧址、涞源白石山、武安太行奇峡谷等著名景点。① 太行山高速公路这条交通干线的建成将直接促进沿轴线的各种资源的聚集，尤其是对加快太行山区农村非物质文化遗产资源、矿产资源和旅游资源等的开发将产生极大便利，文化产业发展的各个节点的连接和扩散也变得低成本和高速度。太行山高速被看成是一条"扶贫路、致富路、旅游路、发展路"，它的建设将更好地服务于京津冀协同发展，促进京津冀交通一体化发展，对于形成京津冀地区便捷高效、互联互通的综合交通运输体系，加快革命老区人民脱贫致富，拉动沿线地区经济社会发展，具有十分重要的意义。

2. 太行山高速公路连接了保定、石家庄、邢台、邯郸等区域中心城市以及文化产业园、国家4A级景区等重要文化产业节点

根据"点—轴系统"理论的要求，在文化产业的布局中，要选取经济发展水平较高的中心城镇或者龙头文化企业作为重要节点，这些城镇或者企业最好已经有一定程度的产业集合体或者基础较好，这些重点节点能通过物质流和信息流对附近区域进行扩散，扩散的资源要素作用于附近区域，与区域的要素相结合形成新的生产力，以起到带动周围区域发展的作用，很多文化产业园、大型旅游景区就属于这样的重点节点。保定、石家庄、邢台和邯郸作为太行山区沿线的中心城市，相对于周围地区来说具有丰厚的历史文化底蕴和较为发达的经济

---

① 李书岐、张海洋：《河北开建太行山高速公路》，《中国交通报》2015年11月27日，第1版。

实力。

保定是一座国家级历史文化名城，历史底蕴深厚，历史文化资源丰富。近些年来，保定在文化产业方面发展尤为迅猛。有数据显示，截至2015年，保定市文化产业增加值达119.11亿元，占GDP比重3.97%，总量居全省第二位，增速达25%；文化产业法人单位约3500家，增长11.3%；文化产业法人单位资产总额202.88亿元，增长27.23%；文化法人单位从业人员66742人，增长12.5%。曲阳雕塑文化产业园是全省唯一的国家文化产业试验园区；野三坡等4个基地被评为国家文化产业示范基地；陈氏定瓷等13个基地被评为省级文化产业示范基地；曲阳、易县、涞水、河大科技园、涞水红木园区、易县狼牙山欢乐世界项目被评为河北省文化产业"三个十"；65个项目被列为省重点文化产业支持项目。①

石家庄作为河北省的省会城市，是全省的政治、经济和文化中心，具有丰富的历史文化资源、非物质文化遗产、民俗节会、旅游资源、优越的产业环境和产业政策。据统计，石家庄拥有世界之最14项，中国之最22项，全国重点文物保护单位25处，省级文化保护单位105处，各类馆藏文物20000余件。在非物质文化遗产方面，石家庄市拥有国家级非物质文化遗产8项、省级非物质文化遗产30项、市级非物质文化遗产148项，以"井陉拉花"、"赞皇铁龙灯"、"平山坠子戏"等为代表。此外，石家庄还有厚重的革命文化资源和旅游资源，其中西柏坡

---

① 刘亚辉、陈民：《"软实力"强势崛起——保定市文化事业发展综述》，《保定日报》2017年2月14日，第1版。

景区就被确定为国家 5A 级旅游景区，红色西柏坡更是石家庄打造"大西柏坡"旅游体系的重点。①

邢台市位于河北省中南部，有着近 3500 余年的建城史和 600 多年的建都史，素有"五朝古都、十朝雄郡"的美誉。邢台作为河北省历史文化名城，拥有国家级重点保护单位 21 个，省级重点文物保护单位 74 个，市级文物保护单位 50 个。其中，明代万里长城（邢台、内丘、沙河段）、京杭大运河（清河、临西段）已进入世界文化遗产名录。邢台市拥有国家级非物质文化遗产 14 项，省级非物质文化遗产 41 项，市级非物质文化遗产 53 项，可谓文化繁盛，灿若星河。② 邢台西部山区山峰林茂，获得了"太行山最绿的地方"的美誉，蕴藏着丰富的旅游文化资源。其中有国家级地质公园 2 处、国家级水利风景区 4 处、国家级风景名胜区临城崆山白云洞和国家牡丹芍药资源保护区等自然景观资源。在京津冀协同发展的背景下，2015 年以来，邢台市开始与北京各区（县）全方位合作，邢台市政府与大兴区、邢台经济开发区与通州区、邢台经济开发区与亦庄开发区、威县与顺义区、沙河与房山区、广宗与良乡、巨鹿与昌平分别签署战略合作框架协议，积极推进共建产业园区。③ 这些合作推动了京津冀区域文化的一体化发展，也为邢台市文化产业的发展带来重大机遇。

---

① 赵冰等：《石家庄文化产业发展战略研究》，《石家庄学院学报》2011 年第 5 期。

② 师新乔：《邢台市休闲文化产业发展潜力与路径》，《邢台日报》2016 年 10 月 27 日，第 6 版。

③ 吴晓霞：《区域文化产业发展策略研究——以邢台市为例》，《经济与社会科学研究》2017 年第 3 期。

邯郸作为历史文化名城，在商朝末年就已建城，有着3000多年的建城史，8000多年的文明史。悠久的历史孕育出了特色鲜明的磁山文化、赵文化、女娲文化、曹魏建安文化、北齐佛教文化（又称石窟文化）、广府太极文化、梦文化、磁州窑文化、成语典故文化和边区革命文化等十大文化脉系。邯郸也被誉为中国成语典故之乡、"中国太极拳之乡"和"中国磁州窑之乡"。邯郸拥有丰富的文化依存，其中国家重点文物保护单位达18处，省级文物保护单位97处、市级138处、县级450余处。国家4A级景区有娲皇宫和八路军129师司令部旧址两处。3A级景区有丛台公园、黄粱梦吕仙祠、磁州窑博物馆三处。[1] 此外，邯郸还有着丰富的非物质文化遗产，杨氏太极拳、武安平调落子、赵奢战鼓、磁县怀调等技艺入选国家非物质文化遗产，全市非物质文化遗产种类丰富、数量繁多。优质的文化资源为邯郸文化产业的发展奠定了坚实的基础。

---

[1] 刘建红、张素英：《依托历史文化资源，发展邯郸文化产业》，《企业研究》2010年第10期。

第二章 河北太行山文化产业带非物质文化遗产的发展概况及开发路径

第一节 非物质文化遗产的概念及特征

一、非物质文化遗产的概念

人们今天耳熟能详的"非物质文化遗产",其用词或术语是在经过了无形文化财、无形文化遗产、民间创作、人类口头和非物质遗产、非物质文化遗产等几次变化后才最终确定下来的。

无形文化财 ⇨	无形文化遗产 ⇨	民间创作 ⇨	人类口头与非物质文化遗产 ⇨	非物质文化遗产
1950年《文化财保护法》日本	1977年 联合国遗产保护第一次中期计划	1989年《保护民间创作建议案》	1998年《宣布人类口头和非物质遗产代表作条例》	2003年《保护非物质文化遗产公约》

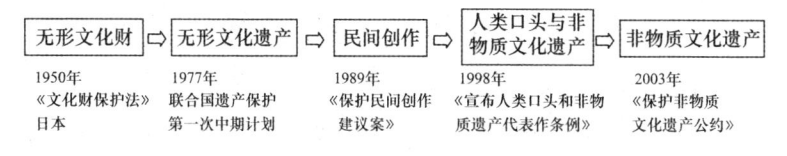

图2-1 非物质文化遗产名称演变图

1950年日本颁布的《文化财保护法》中"无形文化财"的提法是"非物质文化遗产"这一概念的最早起源。文化财即指文化遗产。"无形文化财"指的是具有较高历史价值与艺术价值的传统戏剧、音乐、工艺技术及其他无形文化载体，而且也把表演艺术家、公益艺术家等这些无形文化财的传承人一并指定。① 1972年，联合国教科文组织（UNESCO）第17届大会讨论通过了《保护世界文化和自然遗产公约》。《公约》中的文化遗产指的是文物、建筑群和遗址三大物质遗产。当时有一些成员国对保护"非物质遗产"的重要性表示了关注。1977年，联合国教科文组织有关遗产保护的第一次中期计划（1977—1983）中首次提及文化遗产由"有形"和"无形"两部分组成，即将文化遗产划分为"有形文化遗产"和"无形文化遗产"两大类型。1989年，联合国教科文组织通过了《保护民间创作建议案》，提出了"民间创作"（传统的民间文化）的概念，并对其进行了分类。这对后来非物质文化遗产的界定和分类有一定的影响。1998年，联合国教科文组织执委会在第155次会议上通过了《宣布人类口头和非物质遗产代表作条例》，将"民间创作"改为"人类口头和非物质遗产"。② 2001年5月，第一批"人类口头和非物质遗产代表作"公布，中国昆曲入选。2003年10月，联合国教科文组织第32届全体大会通过了《保护非物质文化遗产公约》，至此，"非物质文化遗产"的名称和概念正式确定并沿用至今。

  关于"非物质文化遗产"的概念界定，虽然学界对此的认识依然是"仁者见仁、智者见智"，并不统一，但是种种解读都离不开《保护非物质文化遗产公约》和《国家级非物质文化

---

① 欧阳正宇：《非物质文化遗产旅游开发研究》，兰州大学2012年博士论文。
② 张敏：《论非物质文化遗产的分类》，浙江大学2010年硕士论文。

第二章 河北太行山文化产业带非物质文化遗产的发展概况及开发路径

遗产代表作申报评定暂行办法》这两个权威文件。在联合国教科文组织颁布的《保护非物质文化遗产公约》中，对于"非物质文化遗产"的界定是："被各群体、团体、有时为个人视为其文化遗产的各种实践、表演、表现形式、知识和技能及其有关的工具、实物、工艺品和文化场所。分列为以下五个领域：①口头传统和表述，包括作为非物质文化遗产媒介的语言；②表演艺术；③社会风俗、礼仪、节庆；④有关自然界和宇宙的知识和实践；⑤传统的手工艺技能"①。在我国国务院2005年3月26日颁布的《关于加强我国非物质文化遗产保护工作的意见》的附件《国家级非物质文化遗产代表作申报评定暂行办法》中，关于"非物质文化遗产"的定义是指："各族人民世代相承的、与群众生活密切相关的各种传统文化表现形式（如民俗活动、表演艺术、传统知识和技能，以及与之相关的器具、实物、手工制品等）和文化空间。"②

《保护非物质文化遗产公约》作为联合国的官方文件，因其是面向世界各民族国家、针对各种文化形态所作出的对于非物质文化遗产的内涵界定，因此除了共性上的相通之外，在具体的可操作性上与我国实际情况并不是完全契合的。《国家级非物质文化遗产代表作申报评定暂行办法》（2005年）在基本袭用《公约》评价框架的基础上，结合我国民间传统文化的实际情况对"非物质文化遗产"作出了具有中国特色、符合中国

---

① 巴莫曲布嫫：《非物质文化遗产：从概念到实践》，《民族艺术》2008年第1期。

② 梁保尔、马波：《非物质文化遗产旅游资源研究——概念、分类、保护、利用》，《旅游科学》2008年第2期。

国情的新定义。结合本章的研究对象——河北省太行山文化产业带的非物质文化遗产的概况及开发研究，我们选用《暂行办法》中关于非物质文化遗产的概念来定义河北省太行山非物质文化遗产资源。

非物质文化遗产资源相对于物质文化遗产资源来说，具有明显的"非物质性"（或"无形性"）。在我国关于"非物质文化遗产"的定义中，定义前半部分提到的"民俗活动、表演艺术、传统知识和技能"因其是非物质性的，具有无形性，因此毫无疑问应当属于"非物质文化遗产"，而后半部分的"与之相关的器具、实物、手工制品等"则具有明显的物质性、有形性特点，违背了"非物质文化遗产"的"非物质性"、"无形性"特征。在研究河北省太行山区非物质文化遗产资源的过程中，结合非物质文化遗产的这一特点，我们只选用了定义的前半部分，即河北太行山地区的民俗活动、表演艺术、传统知识和技能等非物质文化遗产资源进行研究，而对于后半部分的"器具、实物、手工制品"等，我们放在第三章"河北太行山文化产业带手工艺品的概况及开发"中再进行详细论述。

二、非物质文化遗产的特征

（一）活态性

活态性是非物质文化遗产的重要特征之一，非物质文化遗产的活态性特征体现在以下三个方面：一是非物质文化遗产的存在方式是活态的。非物质文化遗产包括口头传说和表述、表演艺术、社会风俗、礼仪、节庆、传统的手工艺技能、各种知识和实践等内容。所有这些都属于人类行为活动的范畴，都需要借助人类的行为活动来表现。在这些表现过程中，语言、戏剧、音乐、舞蹈、民俗习惯等都是动态的而非静态的，是发展的而非停滞的，这种活态性贯穿于非物质文化遗产存在过程的始终，是非物质文化遗产最基本的存在方式。二是从发展的角度来看，非物质文化遗产具有活态性。首先，事物是不断发展变化的，任何一种非物质文化遗产都需要经历由诞生、发展到衰竭、消亡的生命历程的。其次，从久远的历史长河来看，非物质文化遗产处于不断的扬弃和裂变状态。非物质文化遗产在传承、传播过程中，为了更好地适应新的文化生态环境，需要不断地进行创新和变异。而这种活态性也恰恰体现出非物质文化遗产强大的生命力。三是非物质文化遗产活态性的根本来源在于"人"。与物质文化遗产不同，非物质文化遗产的文化价值通过动态的人类行为活动表现出来。人是非物质文化遗产的传承者，也是非物质文化遗产的创造者，在非物质文化遗产体系中，人处于核心地位，因此，人的思想观点和言行举止的变化随时都会影响到这个体系，引发一系列的反应，使之呈现出一种动态演变的态势。

（二）传承性

非物质文化遗产的传承与物质文化遗产的传承不同，物质文化遗产因其自身的有形性和物质性特征，采用的传承方式只要保证物质文化遗产本身的存在和完整性即可，目前，保存"物质文化遗产"的有效方法通常是档案法、博物馆法、设计图纸和建造方案进行复制传承等。而非物质文化遗产因其内在的丰富精神内质和其继承发展过程中的社会性因素,它的延续手段是一种动态传承,是继承与变异、一致与差异的融合。传承性是非物质文化遗产保留和延续的重要特征,通过一代一代的口传心授,口头文学语言、表演艺术、手工技艺、民间知识等非物质文化遗产在漫长的历史过程中得以延续下来,成为历史的一种活态见证,我们也可以从现存的非物质文化遗产的各种文化表现形式中,了解过去人们的生活习惯、行为特征以及思想观念等信息。非物质文化遗产的传承是人对"精神文化"的传递,因此具有无形性和抽象性,如剪纸艺术、美术工艺等的传承。在传承过程中,非物质文化遗产的载体与对象是分离的,传承过程通过口述、身教、观念或心理积淀等人与人之间精神交流的方式进行的。因此说,可传承性对于非物质文化遗产具有非常重要的意义,一旦停止了传承活动,也就意味着消失和灭亡。

(三) 地域性

《非物质文化遗产公约》对于"非物质文化遗产"的定义为:"各个群体和团体随着其所处环境、与自然界的相互关系和历史条件的变化不断使这种代代相传的非物质文化遗产得到创新,同时使他们自己具有一种认同感和历史感,从而促进了文化多样性和人类的创造力。"[1] 这说明,非物质文化遗产是一定自然环境和人文环境的产物,具有鲜明的地域文化特征。非物质文化遗产对地域环境具有依赖性。非物质文化遗产是一定

---

[1] 欧阳正宇:《非物质文化遗产旅游开发研究》,兰州大学2012年博士论文,第50页。

第二章 河北太行山文化产业带非物质文化遗产的发展概况及开发路径

自然环境和人文环境的产物,其形态、特点、发展、传承都在一定程度上依赖于当地的自然生态环境、文化传统、文化风俗习惯、经济发展水平、宗教信仰等因素,比如内蒙古的呼麦和长调民歌、傣族的孔雀舞、藏族的唐卡、青海的"花儿"等都体现了独特的地域环境对于非物质文化遗产的支撑。再者,非物质文化遗产往往带有民族和地域环境的烙印,是对所处地域自然环境和人文环境的反映。以我国少数民族非物质文化遗产为例,如反映虎图腾崇拜的云南彝族的"跳虎节"、"跳豹子"和青海土族的"跳於菟"(古羌语:虎);反映青蛙崇拜的广西壮族河池等地区的"青蛙节";反映祖灵崇拜的湖南土家族的"毛古斯"(土家语:浑身长毛的古裸人)、广西苗族的"芒篙"(苗语:始祖神)、贵州勾则彝人的"撮泰吉"(彝语:祖灵庇护的游戏,又叫"变人戏")和蒙古族的"呼图克沁"(蒙古语:祖灵的祝福与送子);反映山神崇拜的四川岷江两岸羌族的"祭山会"、四川、甘肃交界白马藏人的"咒鸟"(朝拜白马神山的祭祀舞蹈),包含着羊、金丝猴、白马、黑熊等图腾崇拜;以节日民俗活动为载体、反映火崇拜、生殖崇拜、土地崇拜、神灵崇拜的云南彝族"火把节"、青海藏族"六月祭"、青海土族"纳顿节"和云南哈尼族"九献祭"等。[①]

(四)变异性

非物质文化遗产的变异性是指非物质文化遗产在传承和传播过程中产生的文化类种或性状样态等方面的变化。这种变异

[①] 宋俊华:《非物质文化遗产特征刍议》,《江西社会科学》2006年第1期。

产生的原因从内在因素来说，是文化发展的客观规律导致的。从外在因素来说，是其所依赖的原生文化生态发生变化导致的。在社会整体性文化发展中，变异是必然的。文化在不同时空的传播、代际之间的传承，都可导致非物质文化遗产的性状样态、内容或价值发生变异。在不同的时间、不同的场合，同一项非物质文化遗产体现出来不同的性状样态来，虽然一脉相承，却是各有千秋。例如辽宁地区民间祭祀活动社火就经历了从"娱神"到"娱人"的变迁，祭社活动民间的祭祀活动发展为官、民两大系统。社火源自于对古老的土地与火的崇拜，是古时候人们用来祭祀拜神进行的宗教活动。在传统的社火仪式活动中，人们虔敬地对神灵顶礼膜拜，求吉纳福，驱邪避害，祈求风调雨顺、人畜兴旺。为了对神表达真诚，祈求"灵验"，求得神灵欢心和庇护，除了给神灵献上丰盛的祭品外，"演戏酬神"也是一条重要的途径。在祭祀社火的活动中，歌、舞、戏是不可或缺的，作为娱神过程中与神沟通的一种最重要的形式，成为祭拜活动中最主要的仪式程序，目的在于"娱神"，也就是"酬神"，即祭谢神灵。随着社会的发展，祭拜"社"和"火"的仪式中逐渐增加了"娱人"的成分，民间社火的祭祀活动跟随世俗礼仪的需要带有很强的世俗性和功利性色彩。汉代以后，祭社活动正式分为官、民两大系统。民间祭社活动则逐渐从宗教祭祀的意味转化为娱乐狂欢方式，酬神演戏成为了民间百姓的一大乐事。[1]

---

[1] 李巍：《移民社会的文化记忆—辽宁民间社火研究》，中央民族大学2010年博士论文，第25页。

(五) 脆弱性

非物质文化遗产往往产生于传统社会的生产实践活动中，随着现代社会的发展，非物质文化遗产所依赖的生存环境发生了巨大的变化，很多非物质文化遗产处于濒危状态，面临着消失的危险。仅就戏剧表演艺术来看，呈现出岌岌可危的状态，如在中华人民共和国建立初期广西有地方剧种18个，桂剧、壮剧、彩调剧、粤剧、毛南剧等，到上世纪末，除壮剧、彩调剧、粤剧以外，其他剧种已难得一见。山西省的地方戏状况也不容乐观，上世纪80年代尚有52个剧种，现在却只剩下28个，短短的20年里，24个有着悠久历史的古老剧种就消失了。[1] 了解非物质文化遗产的基本特征，有助于我们更好的了解非物质文化遗产的特点，结合其自身特色制定正确、有效的保护措施，对非物质文化遗产实施有效的保护和开发。

三、非物质文化遗产的分类

对于非物质文化遗产的分类，常见的有以下几种分类体系：

在2003年联合国教科文组织通过的《保护非物质文化遗产公约》中，对于非物质文化遗产的分类主要有：口头传说和表述（包括作为非物质文化遗产媒介的语言）；表演艺术；社会风俗、礼仪、节庆；有关自然界和宇宙的知识和实践；传统的手工技能等5个方面[2]，其分类体系如表2-1。

---

[1] 纪文静：《论非物质文化遗产特征及其可持续发展对策》，《旅游纵览（下半月）》2013年第6期。

[2] 联合国教科文组织：《保护非物质文化遗产公约》，2003年。

表2-1 联合国教科文组织非物质文化遗产的分类

非物质文化遗产	（1）口头传说和表述（包括作为非物质文化遗产媒介的语言）
	（2）表演艺术
	（3）社会风俗、礼仪、节庆
	（4）有关自然界和宇宙的知识和实践
	（5）传统的手工艺技能

资料来源：张敏：《论非物质文化遗产的分类》，浙江大学2010年硕士论文。

在2005年我国国务院办公厅颁布的《国家级非物质文化遗产代表作申报评定暂行办法》中，对于非物质文化遗产的分类包括：口头传统，包括作为文化载体的语言；传统表演艺术；民俗活动、礼仪、节庆；有关自然界和宇宙的民间传统知识和实践；传统手工艺技能；与以上表现形式相关的文化空间等6个方面[①]，其分类体系如表2-2。

表2-2 中国非物质文化遗产的分类

非物质文化遗产	（一）传统文化表现形式	（1）口头传统，包括作为文化载体的语言； （2）传统表演艺术； （3）民俗活动、礼仪、节庆； （4）有关自然界和宇宙的民间传统知识和实践； （5）传统手工艺技能。
	（二）文化空间	定期举行传统文化活动或集中展现传统文化表现形式的场所

资料来源：张敏：《论非物质文化遗产的分类》浙江大学2010年硕士论文。

---

① 国务院办公厅：《关于加强我国非物质文化遗产保护工作的意见》的附件，2005年。

第二章 河北太行山文化产业带非物质文化遗产的发展概况及开发路径

在我国第一批、第二批《国家级非物质文化遗产名录》中，非物质文化遗产包括民间文学；民间音乐；民间舞蹈；传统戏剧；曲艺；杂技与竞技；民间美术；传统手工技艺；传统医药和民俗等10大类[①]，其分类体系如表2-3。

表2-3 我国第一批、第二批《国家级非物质文化遗产名录》中的非物质文化遗产的分类

非物质文化遗产	（1）民间文学
	（2）民间音乐
	（3）民间舞蹈
	（4）传统戏剧
	（5）曲艺
	（6）杂技与竞技
	（7）民间美术
	（8）传统手工技艺
	（9）传统医药
	（10）民俗

资料来源：张敏：《论非物质文化遗产的分类》浙江大学2010年硕士论文。

除了官方文件对非物质文化遗产的定义和分类之外，学者们对非物质文化遗产的分类体系也进行了相关探索，其中最有代表性的就是王文章主编的《非物质文化遗产概论》，该书依据我国第一批、第二批《国家级非物质文化遗产名录》的划分标准将非物质文化遗产分为十三大类：语言（民族语言、方言）；民间文学；传统音乐；传统舞蹈；传统戏剧；曲艺；杂技；传统武术、体育与竞技；传统美术、工艺美术；传统手工

---

① 王文章：《非物质文化遗产概论》，教育科学出版社2008年版，第352-382页。

技艺及其他工艺技术；传统医学和药学；民俗；文化空间①。其分类体系如表2-4所示：

表2-4 《非物质文化遗产概论》中非物质文化遗产的分类

非物质文化遗产	(1) 语言（民族语言、方言）
	(2) 民间文学
	(3) 传统音乐
	(4) 传统舞蹈
	(5) 传统戏剧
	(6) 曲艺
	(7) 杂技
	(8) 传统武术、体育和竞技
	(9) 传统美术、工艺美术
	(10) 传统手工技艺及其他工艺技术
	(11) 传统医学和药学
	(12) 民俗
	(13) 文化空间

第二节 河北太行山文化产业带非物质文化遗产资源的发展概况

一、河北太行山文化产业带非物质文化遗产资源的类别

河北省太行山地区历史文化悠久，底蕴深厚，是我国古代

---

① 王文章：《非物质文化遗产概论》，教育科学出版社2008年10月版，第243页。

第二章 河北太行山文化产业带非物质文化遗产的发展概况及开发路径

文明的重要发源地，不仅拥有丰富的物质文化遗产，还拥有众多珍贵的非物质文化遗产。截至目前，河北省太行山地区共有国家级非物质文化遗产18处，省级非物质文化遗产123处（附录1）。在前文所述的非物质文化遗产分类标准基础上，结合河北省太行山地区非物质文化遗产资源现状，现按照非遗类别将河北省太行山地区非物质文化遗产分为民间文学、表演艺术、传统技艺、节庆风俗、民间知识五个大类，并在每个大类下又分为若干个亚类，具体如表2-5所示。

表2-5 河北太行山地区非物质文化资源分类表

大类	亚类	代表遗产
民间文学（8）	民间传说（6）	临城赵云故里传说、张果老传说、唐尧的传说、赞皇六宰相传说、韩信背水一战的传说、许由与尧帝的传说等
	民间歌谣（1）	行唐口头镇歌谣
	民间故事（1）	内丘县郭巨孝文化
表演艺术（41）	民间音乐（10）	燕子古乐、赵奢战鼓、冀中笙管乐（高洛音乐会）、平山民歌（尤家庄小唱）、长信排鼓、磁县迓鼓、易县东韩村拾幡古乐等
	民间舞蹈（12）	井陉拉花、赞皇铁笼灯、跑竹马、扇鼓、抬花杠、顺平地平跷、易县摆字龙灯、北白砂龙舞、北治抬皇杠等
	传统戏剧、曲艺（19）	武安傩戏、平调落子、石家庄丝弦、皮影戏、秧歌戏、乱弹（南岩乱弹）、平山坠子戏、磁县坠子、磁县怀调、元氏乐乐腔、邯郸赛戏（武安市、涉县）等

续表

大类	亚类	代表遗产
传统技艺（36）	杂技与竞技（9）	涞水踢球、沙河藤牌阵、上刀山、微水武术、灵寿县抬阁、太极拳（孙氏太极拳）、井陉县南良都斗火龙、梁家鹦埚拳等
	民间美术（7）	内丘神码、曲阳石雕、面塑、伯延民间建筑艺术等
	传统手工技艺（20）	定瓷传统烧制技艺、易水砚制作技艺、磁县扎纸技艺、井陉绵河水磨技艺、涞水古建筑砖瓦制作技艺、鹊王台酒酿造技艺、易县清宫传统刺绣、灵寿青铜器制作工艺等
节庆风俗（37）	民俗（29）	苇子灯阵、女娲祭典、井陉赵庄岭皇纲、沙河九龙祭祀、井陉县丧葬习俗、婚俗、九曲黄河灯、温塘桃花浴等
	文化空间（8）	七夕节、土山城会、联庄会、青龙山庙会、南治脸子会、通天河花会、高邑水潼仙姑庙会等
民间知识（1）	传统医药学（1）	药囊防病法（苍香玉屏袋）

资料来源：作者根据河北省省级非物质文化遗产名录整理

根据以上分类，下面将对河北省太行山区非物质文化遗产资源的表现形式和其内容做具体概述。

（一）民间文学

1. 民间歌谣

歌谣是民间文学的体裁之一，是人民群众的口头创作，生动地反映了社会生活的方方面面，直接表达了人民的思想感情。行唐口头镇歌谣历史悠久，早在远古部落时代的唐陶氏时期就产生并流传开来。在歌谣形式上，不同于南方的男女对歌和即兴歌谣。行唐口头镇歌谣中民谣居多，民歌多为北方流行的小调。在内容上，生产劳动、男女爱情、历史传说、社会政治等内容在歌谣中都有所体现。在抗日战争时期，行唐口头镇还出现了大量的抗日歌。旧时代的民间歌谣，其主要内容是表述劳动人民的生活疾苦以及美好憧憬、反映自然界和社会生活的种种知识和生活经验，体现出当时人民朴质的生活情趣、高尚的道德情操和乐观主义精神。为加强对歌谣的保护，当地政府开展了对民间歌谣的普查记录和整理工作，于1987年出版了《口头镇歌谣集》。

2. 民间传说与民间故事

在河北省太行山地区的省级非物质文化遗产名录中，民间传说有六处，主要集中在石家庄平山县、井陉县、行唐县、赞皇县，保定唐县和邢台临城县。张果老的传说流传于石家庄平山县岗南镇、大吾乡一带，传说张果老的家乡是平山县霍宾台村，如今在村西驴山之上还可看到与张果老有关的山神庙、张果老老庙旧址碑、果老梁、果老洞、宝葫芦石等所谓的仙踪仙迹。唐尧的传说流传于保定唐县，据文献记载，唐县是唐尧故里，4300多年前，唐尧曾在这里建立唐侯国，开创了中国历史上最受人推崇的和谐社会—尧天舜日，开创了中华文明的源头文化—唐尧文化，唐尧传说已成为几千年来世代相传的宝贵传统文化遗产。赞皇县是一个千年古县，在赞皇许亭村流传着唐朝六宰相的传说。唐代名相辈出，仅赞皇就占了六位，这六位分别是李峤、李绛、李固言、李吉甫、李珏、李德裕，因此赞皇的李氏家族被誉为是"赞皇李半朝"。如今，许亭村中有六宰相资料陈列馆、窦建德大王庙、李德裕书院遗址等，这些传说和遗迹对于研究唐朝历史文化、军事政治、风土人情等都有深刻的历史意义和文化价值。

韩信背水一战的传说是以少胜多的著名战役。背水一战又称为井陉之战，汉军和赵军在井陉交战，韩信利用赵军主帅陈馀轻敌之心，摆下背水阵，鼓吹汉军将士奋勇作战以求死里逃生，并另调两千轻骑夺取赵军军营并在军营内插满汉旗。赵军回营看到本营插满汉军旗帜，以为汉军已经全部俘获了赵国的国王和将领们，认为大势已去，于是军队大乱，纷纷落荒潜逃。背水一战体现了"置之死地而后生"的军事战略思想，对于研究秦汉历史、传承军事思想方面有着重要的价值。郭巨孝母埋儿的民间故事自古就广为流传，郭巨是中国古代著名的二十四孝之一，传说祖籍河南林县人的郭巨逃荒至河北内丘县，为孝敬母亲决定埋儿节食以养母，郭巨的行为感动了天地，于是上天赐他黄金一釜用来养母，官府村民都不可夺也。内丘县便成为了孝子郭巨埋儿获黄金的地方，也成为了中国孝文化的发源地之一。郭巨塔、忠孝祠、慈仁寺等古迹遗址流传下来供后人凭吊。郭巨孝文化的精神在内丘广为流传，沿袭至今，形成了此地独特的民俗和敬老爱老的民风。

(二) 表演艺术

1. 民间音乐

河北省民间音乐文化资源丰富，在中国民族音乐中占有十分重要的地位。尤其是河北省太行山地区的民间音乐，由于地处山区，音乐曲调多豪迈奔放、深邃高亢。河北省太行山地区民间音乐种类丰富，其中入选国家级或省级非物质文化遗产名录的有燕子古乐、冀中笙管乐（高洛音乐会）、邢台长信排鼓、易县东韩村拾幡古乐、平山民歌（尤家庄小唱）、赵奢战鼓、内丘庆源排鼓、磁县迓鼓、曲阳吹歌等10项。作为非物质文化遗产，这些音乐将人文音乐、宗教音乐、戏曲音乐、宫廷音乐等有机地结合在一起，具有珍贵的文化价值和艺术价值。以易县燕子古乐为例，燕子古乐是冀中音乐会中较有代表性的乐种，属于民间鼓吹乐种，主要流传于保定易县高陌乡燕子村，距今已有500多年的历史。燕子古乐由僧人传入当地，因而与佛教音乐联系紧密，多在寺庙诵经、祭祀等重大活动中演奏。发展至今，除了在庙堂中的祈福仪式中表演之外，还在现实生活中的日常仪式，如丧葬仪式、房屋建造仪式中表演。演奏中，燕子古乐风格大方、稳重，仍保持着古乐的原汁原味。

冀中笙管乐流传于冀中平原，民间俗称"音乐会"，因主要用管子领奏、笙等合奏，故又称"笙管乐"。"笙管乐"遍布整个冀中平原，鼓吹乐品种丰富，主要是以村为单位，借乐结会。其中已经被申报为非物质文化遗产名录的有固安县的屈家营音乐会、涞水县的高洛音乐会、霸州市的高桥音乐会和胜芳镇的胜芳音乐会。"涞水高洛音乐会"是一个传承很久的民间乐种，因为高洛村有南高洛村和北高洛村之分，因此，高洛音乐会又被分为南高洛音乐会和北高洛音乐会。经专家学者鉴定，南高洛音乐属于古代祭祖和宫廷"鼓吹乐"遗存的活化石。现今遗存有72首，演奏的66首，有乐谱但已不能演奏的有6首。高洛音乐会有一条"不准增加新曲目，不准增加乐器种类，不准改变演奏方式，严格按老艺人传下来的规矩进行演奏（表演),不准走样"的会规,其乐谱只能口授不能笔记,笔记难以传其神。经过长时间的发展,高洛音乐会依然保留着"奏、打、舞、唱"的遗风。现在的高洛音乐会经过发展有了一些新的变化,在2005年以来吸收了一些本村女会员的加入,南北高洛音乐会在努力保存传统古曲,努力将几乎失传的古曲重新打谱演奏后,又不断地结合时代特点编创新的乐曲。以前的高洛音乐会主要是为易县后山后土黄帝庙的祭祀和民间丧葬仪式服务,同时也为求雨祈福、消灾除厄等民俗活动服务,现在的高洛音乐会还参加春节祈祥、春节祭神、节假日期间互娱演出等活动。高洛音乐会吸引了国内外的专家学者和音乐界人士来此采风考察。中国音乐研究所所长张振涛评价南高洛古乐继承了中国音乐最古老、最传统的演奏形式,填补了中国音乐史的空白。

2. 民间舞蹈

河北省民间舞蹈种类多样,素有北方汉族民间歌舞之乡的美誉。据中国舞蹈家协会河北分会1983年调查统计,全省民间歌舞达146种,现存民间舞蹈127种。[1] 河北民间舞蹈按地域可划分为四部分:冀东有昌黎地秧歌、抚宁鼓扇和五虎棒;冀西有井陉拉花、闹秧歌、舞鼓、别杠、抬船、做花车;冀中有沧州落子、鼓花落子、马竹落子、花篮竹、荷花灯、七巧灯、花狸虎、胜芳腰鼓、战鼓;冀北有假面舞、猴打棒、插花落子、花鼓、舞鼓、碰碰会等。[2] 其中,冀西地区指的就是河北省太

---

[1] 张冬梅、谭壮、孙姗姗:《燕赵民间舞蹈文化对推动河北省旅游业发展的研究》,《大舞台》2009年第4期。
[2] 郭晓希、陈岩:《河北本土民间舞蹈融入高校舞蹈教育的探索》,《现代交际》2013年第2期。

第二章 河北太行山文化产业带非物质文化遗产的发展概况及开发路径

行山地区。河北省太行山地区因其独特的自然环境和地貌特征，形成了很多独具特色的民间舞蹈类型。赞皇铁笼灯、元氏抬花杠、灵寿县的跑竹马、内丘的扇鼓、顺平地平跷、易县摆字龙灯、井陉拉花等12种民间舞蹈已被入选为河北省省级非物质文化遗产，井陉拉花和易县摆字龙灯也分别入选为第一批、第二批国家级非物质文化遗产。

井陉拉花是河北省三大优秀民间舞种之一（另两个是沧州落子和冀东地秧歌），起源于石家庄井陉县，属于北方秧歌的一种，其流派众多，表演形式多样，具有刚柔相济、深沉含蓄的风韵。改革开放以来，经过文艺工作者对其的挖掘、整理，结合时代特征不断补充新的内容，提升内涵技巧，创作出许多优秀的广受欢迎的新节目，如《咱去西柏坡看亲人》、《送哥哥上岗南》、《走西口》、《闹花会》等，从而为拉花赋予了新的生命力。易县摆字龙灯的发展尤为曲折，经历了乾隆年间的兴盛、文革时期的断代后，在老艺人的坚持下，分别于2006年入选为省级"非物质文化遗产"，2008年入选为国家级"非物质文化遗产"。作为民间传统艺术的结晶，"摆字龙灯"将中国舞蹈文化与汉字文化融合起来，既能舞出中国龙翻江倒海、灵动鲜活的气势，又能摆出"风调雨顺"、"国泰民安"等变化多样的造型字句，集艺术性和观赏性于一体，振奋了民族精神，弘扬了民族文化。不论是井陉拉花还是摆字龙灯都体现了民间舞蹈"一舞跳千年，千年跳一舞"的旺盛生命力。

内丘扇鼓腔源于巫舞，是一种祭祀舞蹈。据老艺人李志春讲，扇鼓舞源于明朝万里年间，但具体已无史料记载。扇鼓舞的表演时间为农历正月，正月十四至十六日为娱人表演，正月二十为娱神表演。内丘扇鼓腔灵活多样,娱乐性强。其舞姿可以说是无声的语言,以扇鼓、手绢加上身体的各部位,有节奏有韵律的变化运动,来塑造人物,抒发思想感情。扇鼓腔在形式上,载歌载舞、边舞边唱,表演动作优美大方,演唱强调悠扬婉转动听。从内容上,句式有长有短,根据节奏需要加入具有地方特点的陈词,表现出浓郁的地方韵味。扇鼓腔具有极高的文化价值,它是古代杂剧的"活化石",和宋杂剧有着惊人的相似之处,是地地道道的"原生态"。同时,扇鼓腔也反映了燕赵风情,是研究河北民俗的珍贵材料。

3. 传统戏剧、曲艺

河北省的戏剧历史悠久,现今流布全省的剧种约四十余种,其中,平调落子、武安傩戏、石家庄丝弦、磁县怀调、临城南调、乱弹(南岩乱弹)、蔚县秧歌、高跷戏、平山坠子戏等22种被列入非物质文化遗产保护名录的传统地方戏剧分布于河北省太行山区。这些地方传统戏剧风采迥异、各具魅力,它们生长发展于民间,反映了太行山地区人民的艺术修养和人文情怀。平调落子作为河北邯郸传统地方戏曲剧目,产生于明末清初邯郸的武安市,兴盛于上世纪中叶,在2006年被列入首批国家级非物质文化遗产保护名录。平调和落子是两个剧种,表演内容形式和演唱风格迥异。平调以朝代大戏为表演内容,其角色多为帝王将相、文武百官,百官最大官至丞相,最小官到县令。落子多为说唱形式,以家庭小戏为主,表演中将秧歌、高跷等民间舞蹈及日常生活中的某些动作融于戏中,边唱边舞,叙事与抒情相结合。平调的旋律优美,表演风格深受北方文化环境影响,粗犷豪放。落子的演唱风格是说唱交替、幽默风趣。二者的基本韵白都是使用武安方言，具有浓郁的乡土气息。平调落子的经典剧目有《桃花庵》、《三上轿》、《打金枝》等。近年来，邯郸市平调落子剧团创作的大型魔幻舞台剧《黄粱梦》在各地成功上演。

石家庄丝弦是河北省特有的古老剧种之一，它以石家庄为中心，广泛流行于井陉县、赞皇县等石家庄周边地区。石家庄丝弦分为生、旦、净、丑诸行，带有浓郁的泥土气息和地方特色，其演唱风格可概括为"真声吐字、假声行腔"八个字。2006 年，石家庄丝弦被列入第一批国家级非物质文化遗产项目《武城王》、《李尔王》、《孔雀岭》、《红豆曲》等一批新编历史剧和优秀传统剧目，受到了广大群众的喜爱，并多次获得国家及省市大奖。武安傩戏是古老的黄河文化的遗存，是仪式戏剧的"活化石"，现主要流传于河北省武安地区西南部的固义村和白府村。武安傩戏发源于夏商时期，形成于先秦时期。经过几千年的演变和传承，仍保留着古朴的风格和神秘的色彩，是冀南太行山区最有特色，最具吸引力，最隆重的大型社火表演活动。[1] 2006 年被列入首批国家级非物质文化遗产保护名录。

平山坠子戏是流传于石家庄平山县独具特色的稀有地方戏曲剧种，具有丰富的内容和独特的艺术个性。戏曲的内容主要取材于民间传说、轶事和一朝一代的朝代戏，如《石元救母》、《刘埔下南京》、《少国公》等。在艺术表现上，平山坠子戏吐字清晰、语言流畅、通俗易懂、地方韵味浓厚，唱词以十字为一句，唱腔独特。其中的"闪板"和"哭腔"堪称是平山坠子

---

[1] 茅海波：《武安傩戏的祭祀与演出》，《档案天地》2014 年第 12 期。

戏唱腔上的"两大绝技"。"闪板"唱腔节奏明快，激情热烈，扣人心弦，极富表现力和张力，适于表现剧情的冲突和高潮。"哭腔"通过调动腹腔、胸腔、头腔的气息，引起三腔气息共鸣发生，给人以发自肺腑的真情实感，催人泪下。平山坠子戏还融合了京剧的"倒板"，在坠子戏中表现为"尖板"，凸显了平山坠子戏兼容并蓄的风格。

（三）传统技艺

1. 杂技与竞技

目前，河北省太行山地区已被列入国家级和省级非物质遗产保护名录的杂技与竞技类项目有涞水踢球、沙河藤牌阵、南托雷氏武术、上刀山、抬阁、井陉县南良都斗火龙、微水武术、太极拳（孙氏太极拳）、梁家瑙垴拳、曲阳擎阁等项。这些项目中民间武术技艺占比比较大，这说明河北省太行山地区具有丰富的武术资源。河北省灵寿县南托雷氏武术和明太祖朱元璋有着很深的历史渊源。相传朱元璋在多年的战斗中，总结创编出大宏拳、小宏拳、连环刀、鸳刀等武术套路。目前，流传下来的有大宏拳、小宏拳、少林拳、四劈锤、六把总拿、擒拿变法等二十余种武术套路。南托雷氏武术从拳到脚到长短兵器，套路系统全面。其拳脚套路动作复杂连贯，小宏拳虚步较多，架势较小，脚步轻盈。大宏拳架势舒展大方，刚猛有力。连环刀、鸳刀、双凤刀皆为祖传双刀刀法，很少外传。其动作简捷实用。雷氏武术有自身的武学理论，在雷氏武谱中分"学艺总论"和"实战总论"进行详细论述，对我国武术研究有极其珍贵的参考价值。井陉县的微水武术脱胎于古代祭祀神灵的社火活动，在形式上是围成场子伴以鼓乐，在庙会和节日村民聚集在一起的时候进行演练。微水武术拳法独特，有通背拳、水浒拳、黑虎拳、黑风拳、太极拳、形意拳、八卦拳、八极拳等，表演形式独特。微水武术内容丰富，博大精深，经过几百年的演练传承形成了自己独特的乡土特色。

作为国家级非物质文化遗产的沙河藤牌阵，是我国古代战场实战技击项目，自明至今已有300多年的历史了，如今仅存于河北省沙河市十里铺村。藤牌阵的阵法攻守兼备、变化多端，实战技击能力强。其使用的武器有藤牌、短刀、三齿刀、长矛、木棍等，阵法变化无穷，有一字长蛇阵、八卦连环阵、梅花五方阵、四门迷魂阵、八门穿心阵等，阵容也随实战需要进行扩缩，阵容最大时人数可上万。藤牌阵在对打竞技时，还会有鼓乐伴奏，其鼓法有进军鼓、退却鼓、变阵鼓、得胜鼓等十多种。如今的藤牌阵主要用于集会庙会的助兴表演和作为传统体育竞技项目，其招式中也融入了古、今舞蹈动作和音乐，表演更加优美流畅，艺术价值高。可以用来丰富群众的文化生活，使人们获得艺术享受。

抬阁的种类多样，各地抬阁的艺术形式各有特色。慈峪抬阁是灵寿县慈峪村几千年来流传下来的"正月十五灯会"习俗中的一个重要节目，具有较高的观赏性和竞技性，为广大群众所喜闻乐见。抬阁最早的用于民间祭神活动中，用4人抬着，沿街庆贺，以还夙愿。随着时代的发展，抬阁的社会功能和具体造型制作都发生了变化。慈峪抬阁因为主要用于灯会，其造型以花车、花灯为主。抬阁分为上下两个部分，底部扎绑后装饰成花车形状，四周摆上各种盆景、盆花，布置很多花灯，花车中间巧妙伪装三根铁棍,最高有四米多高,两旁稍低,然后让三个十一二岁的男童或女童饰以戏剧中的人物,并被绑在铁棍上,装扮成戏剧人物绑上抬阁后,表演者在行走中还要表演甩袖、劈剑、对打等动作,使人看后十分惊叹。慈峪抬阁历史悠久,造型巧夺天工,发展至今已作为一种独特的文艺表演形式,经常在春节、元宵节等节假日中进行表演。

2. 民间美术

河北省太行山地区有着丰富的民间美术资源,仅列入国家级及省级非物质文化遗产名录的美术资源就有内丘神码、曲阳石雕、井陉面塑、伯延民间建筑艺术、高邑县后哨营猫头靴等8项。内丘神码作为燕赵大地上一种平凡的民间祭祀用品,直到80年代才开始被人重视。内丘神码又称为内丘神灵码,是民间宗教信仰祭祀用品,属于年画中的一种,以其原始性,被称作中国木刻版画的活化石。与其他地方的纸马不同,内丘神码有自己独特的特点,原始神秘,造型古朴,体现了对自然神的崇拜和独特的民间民俗信仰。内丘年画的神灵人物汇集儒教、道教、佛教于一体,云集了各路人物,其中蕴藏着很多的文化信息,体现了先人们信仰"万物有灵"的思想观念。著名作家冯骥才曾称赞内丘年画非常独特,有它独特的价值,是无法取代的。

面塑,俗称面花、礼馍、捏面人等。我国面塑艺术源远流长,早在汉代就已有文献记载。经过几千年的传承和发展,形成了古朴、粗犷、豪放、深厚的特点。面塑以面粉为主料,将面粉加彩后,用手和刀具等简单工具,塑造出各种栩栩如生的小型人物形象。面塑的技法有"一印、二捏、三镶、四滚",

捏面人根据所需随手取材，在手中几经涅、搓、揉、掀，再用小竹刀灵巧地点、切、刻、划，塑成身、手、头面，披上发饰和衣裳，顷刻之间，栩栩如生的艺术形象便脱手而成。石家庄井陉县南张村面塑历史悠久，每年正月十八都会举行一场花火会面塑展，花火会上燃放烟花爆竹，并在火场中摆放各种供品祭祀神灵，祈求平安。供品花样繁多，有面制的猪羊、寿桃、十二生肖、花鸟鱼虫、人物肖像、瓜果蔬菜等。

3. 传统手工技艺

河北省太行山地区传统手工技艺历史久远，种类丰富，体现了太行山区人民的勤劳和智慧，定瓷传统烧制技艺、易县绞胎陶瓷制作技艺、沙河豆面印花技艺、易水砚制作技艺、磁县扎纸技艺、青砂器制作技艺、井陉绵河水磨技艺、易县清宫传统刺绣、赞皇原村土布纺织技艺、鹄王台酒酿造技艺、灵寿青铜器制作工艺等22项传统手工技艺入选为国家级或省级非物质文化遗产。

易水砚是我国著名的古砚之一，产于保定易县。制砚师们选用细润如玉的紫灰色水成岩，根据石料的形体纹饰，采用传统的平雕、浮雕等技法对石料进行雕刻。其文案有人物、花草、龙凤、鸟虫等。所制的易水砚质地细腻、硬度适中，造型古朴大方、古色古香，具有很高的观赏和收藏价值。除易水砚制作技艺外，易县的清宫传统刺绣技艺同样入选了省级非物质文化遗产保护名录。清宫传统刺绣又叫宫绣，已有1400多年历史，是中国刺绣发展史上的杰出代表。清宫传统刺绣属于手工刺绣，用料考究，针法繁密，一般采用工笔为蓝本，以缠针、接针、铺针等十几种针法达到平、光、齐、韵、和、顺、细、密的效果，再根据所织面料的阴阳面，采用变换色块的方式表现出层次感和立体感。清宫传统刺绣造型端庄典雅，华贵富丽，具有极高的文化价值和工艺价值。

(四) 民俗文化

河北太行山地区的民俗文化博大精深，源远流长。这里有丰富的民俗文化资源，有井陉孤山感恩文化、保定易县后山文化、长岗龙母文化、郭巨孝文化、栾庄海龙湾龙文化、邯郸涉县女娲文化等，还有各种祭典活动，有台头邳彤祭典、云盘山人祖祭典、涞水伶伦祭典、东岳祭典、平山王母祭典、三皇祭典等。庙会和花会是具有极强地域特色或节令特色的一些节日，其规模盛大，影响广泛，比如高邑水潼仙姑庙会、青龙山庙会、鹿泉市的通天河花会等。这些庙会节庆具体内容各不相同，异彩纷呈。以高邑水潼仙姑庙会为例，该庙会每年举行两次，分别是在农历三月初一至初三和农历十月二十六日。每年三月，春天到来，多风少雨，而此时正值麦苗返青季节，于是在农历三月初一至初三，当地和附近县市的村民都会来到"水潼仙姑"庙求"仙姑"赐一年风调雨顺，五谷丰登，举家平安。到了农历十月二十六日，村民们再次来此集会，感谢"仙姑"一年来对人们的关照和赐福。庙会期间，人们除了进庙拜神、听唱经以外，还会借此机会走亲访友、逛街购物、观看文艺活动等。现在庙会除了当地和附近居民的参与外，许多外地人员闻名而来，使得庙会热闹非凡，既繁荣了当地文化，也拉动了经济的发展和农副产品的外销，大大的提高了高邑的知名度。

河北涉县女娲信仰历史悠久，有"中国女娲文化之乡"的称号。涉县女娲祭典是河北省涉县地区关于民间信仰文化中的人类始祖女娲的祭祀庆典活动，2006入选首批国家非物质文化遗产名录。祭祀女娲的庙宇娲皇宫是迄今为止我国规模最大、肇建时间最早，影响力最大的奉祀女娲的古代建筑，已有1400多年的历史。自建立以来，祭祀女娲的活动也就随之展开。"女娲祭典"有政府公祭和民间祭祀两种形式。政府公祭最早出现在清朝，在清代的《涉县县志》记载了当时的盛况。但是清末时期，由于国家动荡、社会战乱等原因，政府公祭被迫中断。2003年9月，断层多年的公祭女娲大典在涉县政府的主导下在娲皇宫举行，政府公祭恢复。此后，每年阳历9月，女娲公祭活动都会以涉县女娲文化节的形式开展。相较于庄重严肃的政府公祭，民间的祭祀活动内容更加丰富，形式更加活泼。娲皇宫庙会集中体现在民间祭祀。每年农历三月十八日，各村都会组织百余人，准备好全套祭祀器具，来到娲皇宫寻根祭祖、谒拜女娲，祈求五谷丰登，多子多福。祭祀形式也是多种多样，除了摆社这种主要形式之外，还有坐夜、打扇鼓、撒谷种、绑娃娃、垒石子、系红布条、解锁开锁等。

（五）民间知识——传统医药学

井陉县药囊防病法（苍香玉屏袋）入选河北省第五批省级非物质文化遗产名录。苍香玉屏袋是河北省石家庄市井陉县原中医院院长武小妮主任医师根据祖上几代密传之方（接传时叫香袋），经查阅大量资料，又进行药物筛选，在原来基础上进一步研究、实验、改进、创新的中医疗法。经省专家定名为"苍香玉屏袋"，用以防治小儿上呼吸道感染和消化不良。"苍香玉屏袋"药物组成,系根据祖国医学"不治已病治未病"的观点,运用祖国医学的整体观念,进行选方遣药,既考虑疾病的表现,又考虑疾病的本质,重点放在"防"字上。该疗法药源充足、制作简便、价格低廉、应用范围广,已被患者接受。其研究受到国家级、省级专家好评,得到使用过的小儿家长认可。被评为省卫生厅、石家庄市政府科技进步二、三等奖、井陉县政府科技科技进步一等奖。①

二、河北太行山文化产业带非物质文化遗产资源的特点

通过上文中对河北省太行山地区非物质文化遗产资源的梳理,发现其具有以下几方面的特点:

(一)资源丰富,种类繁多

河北省太行山地区非物质文化遗产资源数量丰富,种类繁多。从数量来看,经统计发现,在第一批、第二批国家级非物质文化遗产名录中,河北省太行山地区非物质文化遗产资源入选的有18项。在已公布的五批省级非物质文化遗产名录中,河北省太行山地区入选的非物质文化遗产达到123项。从种类构成和资源价值来看,河北省太行山地区的非物质文化遗产除了传统医药类项目数量相对较少外(目前仅1项),民间音乐、民间舞蹈、民间文学、传统戏剧、曲艺、民间美术、传统手工技艺、杂技与竞技、民俗等非物质文化遗产项目数量均相当丰富。其中不少项目知名度较高、影响较大,如曲阳石雕、井陉

---

① 河北省非物质文化遗产保护网. http://www.hebfwzwhyc.cn/MuLu_Content.asp? id = 703.

拉花、女娲祭典、易水砚制作技艺、易县清宫传统刺绣、灵寿青铜器制作工艺、武安傩戏、平调落子、燕子古乐、秧歌戏、太极拳、灵寿抬阁、冀南皮影戏等。

(二) 品味高且具有较高的文化价值和艺术价值

河北省太行山地区非物质文化遗产资源的秉赋较好，品味较高，作为中国民间雕刻艺术的代表，曲阳石雕雕刻工艺历经千年而不中断，闻名海内外。在悠久的历史长河中，涌现出不少杰出的民间雕刻艺人，如元代的杨琼、王道、王浩，清代的刘普志，现代的刘东元、卢进桥、甄彦苍、安荣杰等。其中清末刘普志雕刻的作品"仙鹤"、"干支梅"在巴拿马国际艺术博览会上荣获第二名。新中国成立后，曲阳的石雕艺人曾先后参与过人民大会堂、人民英雄纪念碑、历史博物馆、毛主席纪念堂的兴建、天安门的修复等重大建筑工程。1995年，河北曲阳县被国务院正式命名为"中国雕刻之乡"。除此之外，易县摆字龙灯、内丘神码、易水砚制作技艺、井陉拉花、冀中笙管乐、跑竹马、抬花杠等项目都具有较高的层次品味和文化艺术价值。

(三) 空间数量分布不平衡，相对分散

河北省太行山地区非物质文化遗产资源分布相对分散，在已公布的五批省级非物质文化遗产项目中，石家庄井陉县的非物质文化遗产项目数量最多，达到33项；其次是平山县，其非物质文化遗产项目分布有10项；曲阳县、易县、磁县、内丘县、灵寿县、赞皇县、武安市、沙河市等县市的非遗项目数量在5至8项之间；顺平县、灵寿县、邯郸县、邢台县的非遗数量分布最少，各地仅有1项。其具体的分布情况如2-2图所示：

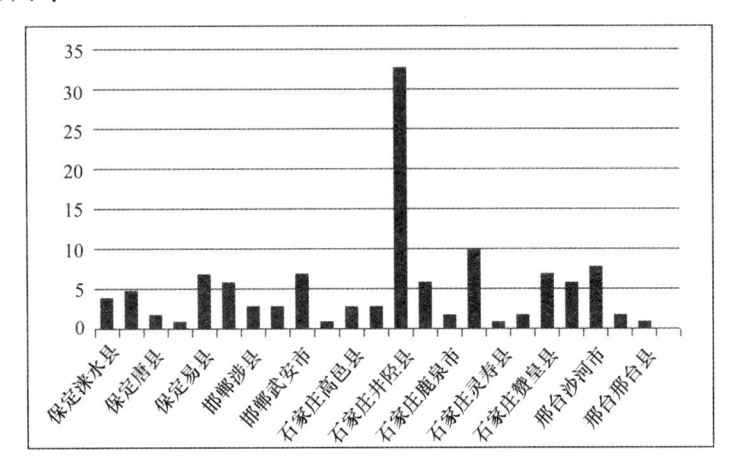

图 2-2 河北省太行山地区非物质文化遗产各县市空间数量分布图
资料来源：作者根据河北省省级非物质文化遗产整理而成

（四）地域特色鲜明

地域性是非物质文化遗产的典型特征，非物质文化遗产反映了一定地域的民间生产生活，具有鲜明的地域文化特征。河北地区是华夏文明的重要发祥地之一，在河北太行山地区也发现了在新石器时期存在的仰韶文化、龙山文化、磁山文化的遗存遗迹。在河北省太行山地区非物质文化遗产中有不少反映中华民族早期文明的民间传说和民俗文化，比如邯郸涉县的女娲祭典、邢台沙河市的三皇祭典、石家庄井陉县的云盘山人祖祭典、沙河九龙祭祀、平山县的平山王母祭典等。河北省太行山地区地处中原，有着悠久的农业生产历史和较为发达的农耕文明，成熟的农业文明造就了传统的农业文化，形成了循规蹈矩、尊老崇古，家庭观念浓厚的传统文化风俗，遵循着家法、族规和乡约等复杂的乡土伦理规范。这些文化特征都表现在了非物质文化遗产之中。比如邢台内丘的郭巨孝文化、井陉孤山感恩文化、高邑水潼仙姑庙会等。

第三节 河北太行山文化产业带非物质文化遗产的开发路径

一、河北太行山文化产业带非物质文化遗产的开发原则

（一）原真性保护开发原则

所谓原真性，其含义是指保护原生的、本来的、真实的遗产原物、原貌，也涉及遗产的完整性，即任何遗产的保护都是与其环境联系在一起的，与环境共存。我们所保护的遗产必须是实物遗存，即使是风俗、仪式、音乐、戏剧等无形遗产，也必须借助于有形的人或物来表达和传承。[①] 许多非物质文化遗产都是经过长时间的历史演化积淀形成的，是社会历史变迁的活化石，包含了特定的文化意义。因此在对河北省太行山地区非物质文化遗产进行开发的过程中，坚持原真性保护开发的原则，要注意维护非物质文化遗产外在表现形式与内在文化意义的统一，依托于其原生的文化母体进行开发，不可一味加入各种绚丽的现代元素而罔顾其背后蕴藏的深刻文化内涵，从而破坏了其本身所承载的民族性、地方性的特色文化。在这一方面，大型魔幻舞台戏剧《黄粱梦》的创新改编尤为成功。《黄粱梦》

---

① 刘河：《青岛非物质文化遗产旅游开发研究》，中国海洋大学 2008 年硕士论文，第 39 页。

是邯郸武安地方戏曲平调落子的一出传统剧目，依托于民间神话故事"黄粱一梦"改编而来。在对这出传统剧目进行重新编排时，在内容上，主创人员对主题进行了大众化处理，巧妙地结合社会热点，把反腐倡廉这个备受人们关注的社会大命题融入剧情中；在艺术手法、表现手段上突破了传统的程式化表演，加入了杂技、魔术、舞蹈、说唱、交响乐等现代化、时尚化的元素，将老故事演绎出了新传奇，赋予了鲜明的时代特色。经过重新编排、重新诠释后，这出传统剧目《黄粱梦》又被赋予了新的艺术价值和生命力，平调落子这个产自邯郸的地方戏也突破了地域空间和时间的限制，焕发出了新的生机。

（二）以人为本原则

人是文化的创造者和拥有者，对于非物质文化遗产来说，人民群众是创造者、传承者，是非物质文化遗产的核心载体。许多精湛的传统技艺是一代代的手艺人传承下来，许多优秀的民俗文化是经过人们的口耳相传流传下来的。这些非物质文化遗产的传承人掌握着关于民俗文化艺术的由来、发展、流变、技艺等相关事项，不同于物质文化遗产依据具体的物质形态保存流传下来，非物质文化遗产依据传承人的记忆和技艺得以保存、流播和传承。正如冯骥才先生指出的那样："历朝历代，除了一大批彪炳史册的军事家、哲学家、政治家、文学家、艺术家以外，各民族还有一大批杰出的民间文化传承人，后者掌握着祖先创造的精湛技艺和文化传统，他们是中华伟大文明的象征和重要组成部分。当代杰出的民间文化传承人是我国各民族民间文化的活宝库，他们身上承载着祖先创造的文化精华，具有天才的个性创造力。……中国民间文化遗产就存活在这些杰出传承人的记忆和技艺里。代代相传是文化乃至文明传承的最重要的渠道,传承人是民间文化代代薪火相传的关键,天才的杰出的民间文化传承人往往还把一个民族和时代的文化推向历史的高峰。"① 因此,所谓"以人为本"的原则,就是指在对非物质文化遗产进行开发的过程中要注重对传承人的重视和保护,积极开展传承活动,培养后继人才,以确保非物质文化遗产的活态化保护和动态传承。

(三) 可持续开发利用原则

随着对非物质文化遗产的保护和传承工作的开展,非物质文化遗产所具有的经济价值也日益呈现出来。然而在对其进行商业性开发的过程中,出现了不少以单纯追求短期经济效益为导向,而忽视其文化价值的"短视"商业开发。不适当的商业开发破坏了非物质文化遗产的原生态特色及其所特有的传统文化内涵,甚至有可能导致非物质文化遗产的变质甚至消失,损害文化多样性。比如重庆市秀山土家族苗族自治县的民间歌舞艺术"秀山花灯"属于国家级非物质文化遗产保护项目。按照传统习俗,其表演时间从正月初二开始至正月十五。然而,当地政府以经济利益为导向,在"五一""十一"等节假日期间也组织演出"秀山花灯",并启动集餐饮休闲娱乐为一体的花灯村建设,这种无视传统习俗一味迎合市场的做法,导致"秀

---

① 转引自黄永林:《非物质文化遗产传承人保护模式研究——以湖北宜昌民间故事讲述家孙家香、刘德培和刘德方为例》,《中国地质大学学报(人文社会科学版)》2013 年第 2 期。

山花灯"的某些文化传统内涵由于演出时间的改变而丧失。①

因此，在对非物质文化遗产进行开发的过程中要坚持可持续开发利用原则，以科学发展观为指导，尊重非物质文化遗产的发展规律，不以破坏其原有的形态和文化内涵为代价。在获取经济利益的同时，不能破坏经济发展依赖的传统文化资源这一基础。要注重维护文化多样性。在开发之前进行严格规划，重点保护非物质文化遗产的技艺、精神等非物质方面的内容，尊重非物质文化遗产的原文化生态环境和保护开发的客观规律，选择有利于其可持续发展的经营开发方法，有步骤有层次地进行合理利用和保护性开发，注重经济效益、社会效益和环境效益的统一，从而达到对非物质文化遗产的可持续开发利用。

二、河北太行山文化产业带非物质文化遗产的开发路径

(一) 整合当地自然生态资源和历史文化资源，开发实景舞台剧，打造品牌影响力

开发实景舞台剧是近年来国内开发非物质文化遗产资源的主要路径之一。所谓实景舞台剧是指以天然的真实景观作为舞台或者背景的演出，演出主要以民族民俗文化、历史、传说等为主题，音乐、舞蹈、服装演出和景观融为一体，效果宏大，震撼人心。② 1998年，大型实景舞台剧《大梦敦煌》的上演拉开了中国非物质文化遗产舞台化开发的序幕。之后，张艺谋的

---

① 郑重：《非物质文化遗产开发的误区及其矫正——以重塑可持续发展观为视角》，《西南民族大学学报（人文社会科学版）》2014年第3期。
② 贺小荣、何清宇：《非物质文化遗产旅游开发的新范式：景区实景舞台剧模式》，《教育教学论坛》2011年第12期。

第二章 河北太行山文化产业带非物质文化遗产的发展概况及开发路径

"印象系列"（《印象·刘三姐》、《印象·丽江》、《印象·西湖》）大型山水舞台剧以其精良的制作、宏大的规模、高科技的炫丽吸引了无数观众的眼球，成为了大型实景舞台剧的代表作。许多景区纷纷模仿这种开发模式，一时间全国各地结合本地区独特的自然景观和民俗风情开发独具特色的实景舞台剧。其中，影响较大的有河南郑州的《炎黄盛世》、新疆鄯善县的《楼兰大迁徙》、西江吉安的《井冈山》、河南开封的《大宋·东京梦华》、内蒙古呼伦贝尔的《天骄·成吉思汗》、湖北恩施的《夷水丽川》等。

表2-6 国内部分代表性实景舞台剧

项目名称	表演类型	旅游目的地或首演地点	主要支撑艺术形式
云南印象	大型原生态歌舞剧	昆明会堂	舞蹈
印象刘三姐	山水实景演出剧	桂林阳朔	音乐、舞蹈、民俗故事
梦回大唐	大型诗乐舞剧	大唐芙蓉园	诗歌、音乐、舞蹈
夷水丽川	洞穴原生态实景剧	恩施腾龙洞风景区	音乐、舞蹈
梦·三峡	大型山水实景剧	西陵峡快乐谷风景区	音乐、舞蹈、民俗故事
多彩贵州风	大型原生态歌舞剧	贵阳大剧院	音乐、舞蹈
盟誓华清宫	大型实景歌舞剧	华清池九龙湖风景区	音乐、舞蹈、民间故事
印象丽江	大型实景演出剧	玉龙雪山甘海子蓝月谷剧场	音乐、舞蹈、民俗
禅宗·少林	山地实景演出局	中岳嵩山	音乐、武术
印象西湖	山水实景演出剧	杭州西湖岳湖景区	音乐、舞蹈、民俗
夜泊秦淮	水上实景演出剧	白鹭洲公园	音乐、舞蹈
鲁布拉盛典	水上实景演出剧	常州中华恐龙园	音乐、舞蹈
四季周庄	原生态实景演出	周庄水乡古镇	音乐、舞蹈、民俗
红烛	民族歌舞剧	川北民俗园	音乐、舞蹈、民俗
阿诗玛	石林实景演出剧	路南石林	音乐、舞蹈、民间故事
天桥记忆	室内实景舞台剧	北京	音乐、舞蹈、民俗
九幕·敦煌	大型舞台艺术剧	敦煌	舞蹈、神话传说

资料来源：作者根据公开资料整理

河北省太行山地区有着丰富多样的地貌特征，这里山峰林立，陡崖、峡谷纵横，瀑布泉水众多，植被茂盛，动物种类繁多，形成了独特的自然景观。目前，河北太行山地区有各类旅游景区（点）500多个，3个5A级旅游景区、12个4A级旅游景区和5个3A级旅游景区，此外还有世界文化遗产1处、世界地质公园3处、中国优秀旅游城市4座、国家级风景名胜区5处、国家级森林公园8个、历史名城2座、文物保护单位近百家。野三坡、狼牙山、西柏坡、苍岩山、嶂石岩、129师司令部、崆山白云洞等一大批景点成为旅游热点。[1] 对于该区非物质文化遗产的开发可以借助于这些丰富的自然生态旅游资源，通过整合当地神话故事、民间传说、传统歌舞、地方戏曲、民俗文化等资源，打造大型实景舞台剧。比如针对邯郸这座历史文化古城及其拥有的丰富的历史文化资源，刘建红与张素英提出，要对邯郸的历史文化资源进行整合，把女娲文化、磁山文化、古赵文化、魏晋邺城文化、北齐文化、梦文化、磁州窑文化、太极文化、现代革命文化及当代邯郸文化连缀成一台综合性的大型音乐舞蹈史诗剧《锦绣邯郸》，以戏曲、音乐、舞蹈、诗朗诵等形式把关于邯郸的广为流传的历史故事、成语典故、文化名人及思想、艺术成就展示给观众，并以历史文物景观为背景，使节目内容与人文载体交相辉映。节目的具体内容可划分为十部分：

第一，《女娲传奇》，开篇可以首先展示创世女神女娲补天并抟土造人的瑰丽恢弘画卷来吸引受众，随后缓慢展开整个中

---

[1] 陈景、葛京凤、梁彦庆：《河北太行山区生态旅游可持续开发模式探讨》，《干旱区资源与环境》2010年第2期。

华文明对女娲文化的继承和发展，在这中间可以融入相关的民间传说和民间故事，让受众多方面感受女娲文化。还可以展示后人的祭祀盛典，展现摆社、坐夜、打扇鼓、撒谷种、绑娃娃、垒石子、系红布条、解锁开锁等祭祀形式。

第二，《磁山黎明》，首先要艺术再现较为原始的先人刀耕火种或者男耕女织的生活画面，如农耕种植、采集捕猎、饲养家禽、磨砺器具、制陶编织、祭祀典礼等原始风貌，对于新石器文化中磁山文明当时所使用的石镰、石铲、石刀、石斧与柳叶形石磨盘等生产工具要尽量复制还原，还可以结合磁山是指南针发现地这一事实将先民发现指南针的过程艺术呈现，总体要传达他们征服大自然、顽强生存的意志力和中华民族生生不息的精神。同时还要注意到磁山被确认为是世界上粮食粟、家鸡和中原核桃最早发现地，所在在舞台剧中要突出展现先民对这些重要食品的发现，能够表现与南方水稻文化不同的谷子文化，展现北方风情和特色。

第三，《古赵盛世》，在内容上首先可以展示战国硝烟弥漫的场景，镜头随之转到赵国邯郸，展现赵武灵王锐意改革，击败中山国，在军事方面推行"胡服骑射"的政策，融合胡人文化和汉族文化，振兴赵国，要呈现场面壮观的古赵风情。最后转到廉颇蔺相如"将相和"这一历史典故，展现"海纳百川，有容乃大"这一精神，让观众感受到古人的为人处世和谦虚典范。其次可以展现发达的商业贸易和手工业情况，熙熙攘攘的客流汇聚邯郸进行商贸往来，"日进斗金"的红火气象，还要主要展现冶铁、制铜等画面，突出勤劳的古赵人民在手工业方面取得的长足进步和先进水平，展示古赵风情，中间要穿插美轮美奂的民间歌舞。最后可以展现古赵文化中的思想文化篇章，赵国有荀子、公孙龙、慎到等一代学术大师，他们均对中华文明做出了重要的贡献。在舞台剧中要呈现他们的风采，将他们重要的学说和思想能够艺术呈现出来，让观众感受一场思想文化的洗礼和熏陶。

第四，《曹魏华章》，表现曹操的文治武功以及三曹和"建安七子"登台赋诗的文采风流。在具体的内容呈现上可以追溯曹操的生平大事，生于乱世，文武双全，"治世之能臣，乱世之奸雄"的评价，"宁教我负天下人，休教天下人负我"的狂傲，逐鹿中原，官渡之战大败袁绍，远征乌桓，平定凉州，"挟天子以令诸侯"，与蜀国相争汉中。暮年之后可以结合曹操主要的诗歌来呈现一种壮士暮年的惆怅和希冀，还要一并呈现建安七子慷慨雄浑地谈诗论文。

第五，《北朝绝艺》，生动表演《兰陵王入阵曲》歌舞戏，其次要展现先民们克服当时的客观条件，不畏艰难险阻，花费漫长的时间开凿出了北响堂山石窟、南响堂山石窟等伟大的石窟、让受众在歌舞表演中感受到建筑艺术的神奇绝妙。

第六，《唐人异梦》，情景再现演绎《黄粱美梦》的传说及深刻哲理或者也可以表演大型魔幻舞台戏剧《黄粱梦》，采用多种手段来展现，尤其是现代科技的运用，让观众感受到邯郸丰富的成语文化。

第七，《宋元陶瓷》，磁州窑是中国传统制瓷工艺的珍品，中国古代北方最大的民窑体系，也是著名的民间瓷窑，有"南有景德，北有彭城"之说。因此要将宋元两个鼎盛时期的磁州窑令人惊叹的民间工艺展现出来，从胎釉、造型再到纹饰，对

第二章 河北太行山文化产业带非物质文化遗产的发展概况及开发路径

于关键步骤要仔细并且精准地呈现，让受众感受到先人的智慧结晶。因磁州窑以生产白釉黑彩瓷器著称，所以在表现过程中要配有独具特色的瓷器道具。

第八，《晚清太极》，灿烂的邯郸文明，拥有博大精深的太极文化。尤其是在晚清时期，道光年间邯郸的永年县广府城曾诞生一代宗师杨露禅和武禹襄，在展示的过程中可以将二人发展杨氏太极拳和武式太极拳两大太极拳流派的历程、故事等艺术化再现，让观众重温历史，对来龙去脉有一个深入了解，或者可以主打经典的太极拳表演来揭示杨、武氏太极拳的精湛武功及思想精髓，弘扬太极文化。

第九，《抗日雄兵》，邯郸在中国抗日战争和解放战争中，是晋冀鲁豫解放区的中心。在舞台剧表演中既可以展示中华最早的传媒事业在战火中创办的历程与艰辛，突出《人民日报》、《人民画报》、《新华日报华北版、太行版》在邯郸创刊，中央人民广播电台的前身华北新华广播电台在邯郸开播。反映邯郸在那个战火纷飞的年代催生的如火如荼的边区大众文化。也可以展示在抗日战争和解放战争初期，刘伯承、邓小平在邯郸革命老区生活和战斗的场景，尤其是刘、邓率八路军一二九师挺进太行山抗击日寇的丰功伟绩，以及与老区人民结下的深厚的军民鱼水情。

第十，《当代风流》，邯郸位于晋冀鲁豫四省要冲、京津冀城市群和环渤海经济区腹心，在四省交界区是唯一的特大城市，区位优势十分明显，为中国三大经济圈所环绕，地处京津冀经济区内，东进与长三角经济圈相接，南下可与珠三角经济圈联系，是全国重要公路运输枢纽城市，铁路、航空等均有长足的发展。邯郸农业生产条件优越，是中国小麦，棉花、玉米等五种农产品优势产区，小麦、棉花年产量达200万吨和8万吨，有"北方粮仓"、"冀南棉海"之称，形成了鸡泽辣椒、临漳獭兔、馆陶蛋鸡、魏县鸭梨等10个特色产业之乡。邯郸工业门类齐全，为中国重要的冶金、电力、煤炭、建材、纺织、日用陶瓷、白色家电生产基地。邯郸蕴藏有种类繁多的矿产资源，是中国著名的煤炭和高品位的铁矿石产区。拥有丰富的"两黑"——煤、铁资源，煤炭和铁矿石储量分别达到40亿吨和4.8亿吨，被誉为现代钢城、煤都。唐钢集团、邯钢集团强强联合组建的河北钢铁集团、金牛能源集团与峰峰集团联合重组组建冀中能源均居世界五百强。突出描绘当代邯郸经济社会和谐发展的辉煌成就。①

（二）将非物质文化遗产与主题公园结合，打造非物质文化遗产类主题公园

所谓主题公园是指，根据一个共同的或一系列的主题设计，结合了景观、环境、游乐设施、表演和展览等内容的综合性休闲娱乐场所，体现了人类对于休闲偏好的重要转向。② 主题公园兴起的历史并不太长，世界上最早的主题公园是荷兰的一对夫妇为纪念他们在第二次世界大战中牺牲的独子而创建的，这所主题公园将荷兰120处风景名胜微缩于一所园子内，开创了世界微缩景区的先河。1955年，美国电影动画大师沃尔特·迪斯尼在洛杉矶建成了世界上第一个现代意义的大型主题公

---

① 刘建红、张素英：《依托历史文化资源，发展邯郸文化产业》，《企业研究》2010年第10期。
② 钟士恩等：《中国主题公园发展的回顾、评价与展望》，《旅游学刊》2015第8期。

园——"迪斯尼乐园"。此后主题乐园这种形式迅速风靡美国，并在世界各地流行开来。我国出现的第一个主题公园是1989年在深圳建成的"锦绣中华"。随后各地也展开了建造主题公园的热潮，比如杭州的"宋城"、西安的"大唐芙蓉园"、河北正定的"大观园"、以《西游记》为主题的"西游记宫"等。各种主题公园盛极一时，但经过一段时间的发展，最终留下来的寥寥无几。将非物质文化遗产与主题公园结合起来，打造以非物质文化遗产为主题的主题公园，既能实现对非物质文化遗产资源的保护和传承，又能满足游客多样化的休闲娱乐需求，促进主题公园的可持续发展。比如丽江世界遗产公园、成都的全国非物质文化遗产国家公园，而西安的"大唐芙蓉园"也是在将非物质文化遗产运用与主题公园开发建设上做得比较好的。

"大唐芙蓉园"是我国第一个全方位展示盛唐风貌的大型皇家园林式文化主题公园，位于西安市东南曲江新区内，建于原唐代芙蓉园遗址以北，总投资约13亿元，该园主要通过全景式、多角度展示盛唐文化的内涵与底蕴，全园共划分为12个功能区，分别演绎12个盛大的文化主题。更重要的是，"大唐芙蓉园"通过节日盛典和巡游活动等，对隐形的文化素材进行整合，将12个文化主题区串联起来，使游客身临其境。因此，园里众多艺术场馆和公共空间也成了展现陕西地方文化和民间艺术的大舞台。在"大唐芙蓉园"中，它将许多非物质文化遗产都纳入其主题框架，譬如闻名中外的安塞腰鼓、陕北剪纸以及原汁原味的户县农民画艺术，而具有悠久历史的长安古乐、秦腔戏、眉户戏、信天游等节目也会把游人带入一种独特而美妙的氛围之中，此外，更有一些来自于"丝绸之路"的新疆歌舞、鼓乐，以及杂耍、舞狮等节目，使人在园中感受到中华民族博大精彩的创造才能。①

河北省太行山地区历史悠久，非物质文化遗产资源丰富，其中国家级非物质文化遗产就有18处，省级非物质文化遗产达到123处。种类丰富、类型多样的非物质文化遗产为建造遗产型主题公园提供了资源优势，河北省太行山地区要将这些分散于各地的非物质文化遗产资源进行整合，在原有历史文化遗址的基础上，依托其特有的民间艺术、民俗表演、传统手工技艺等，建造以体验丰富多彩、特色鲜明的非物质文化遗产为中心的公园，既实现了将非物质文化遗产的保护和传承融为一体，又促进了休闲旅游的快速发展。

（三）建设规模齐全、配套设施完善的民俗博物馆

民俗博物馆作为博物馆的一个分支，建立的目的在于梳理历史和现实的民俗文化，反映当地民众的风俗、文化、艺术样式，是一个地区的文化和历史沉淀的表现载体。"通过把民俗文物等展示出来，使人们得以认识自我以及民风习俗的发生、发展、性质、功能等，激发人们热爱乡土、热爱祖国的激情和尊重本民族文化的情操。"② 民俗博物馆的发展并非只是将有形的物质文化遗产纳入其中进行收藏保护，事实上，无形的非物质文化遗产，例如民俗活动、表演艺术、传统手工技艺、各种关于自然和宇宙的知识经验，以及与之相关的起居、实物、手

---

① 朱晓晴：《主题公园和非物质文化遗产的保护——以"大唐芙蓉园"和民间艺术的结合为例》，《安徽农业科学》2011年第7期。
② 刘伟：《论"非遗"语境中民俗博物馆的文化特征》，《重庆科技学院学报（社会科学版）》2016年第5期。

工制品等，也可以纳入民俗博物馆之中进行保护展览，民俗博物馆因其自身性质和功能所具备的的优越条件，除了对物质文化遗产的收藏保护外，同时也是对非物质文化遗产进行科学保护和永久收藏的不可替代的机构。国际社会上也十分重视对于非物质文化遗产的保护工作。2004年，在韩国汉城召开的国际博物馆协会的主题为"博物馆与非物质文化遗产"，呼吁各国博物馆加强对非物质文化遗产的抢救保护工作，这表明世界博物馆界正在将文化遗产的保护范围扩展至非物质文化遗产。[1]

目前，我国多个地方都建有结合本地域民俗文化特色和非物质文化遗产资源特色的民俗博物馆。这些民俗博物馆有将民间音乐、民间舞蹈、杂技竞技、传统手工技艺等都包含在内的综合性的民俗博物馆，比如北京民俗博物馆、温州民俗博物馆、河北民俗博物馆等。以河北民俗博物馆为例，在河北省民俗博物馆内共有五个专题陈列，每个专题都独具匠心、各有特色，分别是民间生活用品收藏厅、武强年画艺术展厅、清代家具陈设厅、明清瓷器珍品厅和河北陶瓷艺术展厅。此外，馆内还设有两处观众可动手参与的项目，例如"武强年画印刷台"吸引了观众的参与，受到了观众的喜爱。还有只以其中一种类型的非物质文化遗产为主线的专题性民俗博物馆，比如关于传统戏曲类的博物馆有北京戏曲博物馆、江苏昆曲博物馆、广东佛山粤剧博物馆、西安秦腔博物馆等；关于传统手工艺的有南通市蓝印花布博物馆、南京云锦研究所等；关于地方婚俗的有浙江

---

[1] 单霁翔：《民俗博物馆建设与非物质遗产保护》，《中华文化论坛》2014年第5期。

宁海县的"十里红妆"博物馆等。以秦腔博物馆为例，其深入挖掘散落在民间的、面临消失的曲谱、唱词、脸谱、戏偶等具有文化价值的民俗文化遗产，在对资料进行整理的基础上，组织开展研究工作，其在陕西107个县收集到秦腔剧目有3000余种，还有考古挖掘的唐代的梨园、明代的道具，以及民间流传的脸谱、皮影、手抄本、印刷工具等大量民俗文物，将秦腔博物馆建成挖掘整理濒临失传的剧目，征集、保存、收藏、研究、展现秦腔辉煌历史的场所，集教育、参观、学术交流、普及戏曲知识等多功能于一体的民俗博物馆。[①]

河北省太行山区的非物质文化遗产资源种类齐全、数量众多，既可以开发整合各种类型的遗产资源，将全部各类非物质文化遗产纳入其中的综合性民俗博物馆，又可以以其中一种类型的非物质文化遗产资源为主题开发专题性民俗博物馆。在综合性的民俗博物馆中不仅可以展示非物质文化遗产的物质载体，如服装、道具、工艺制品等，还可以进行传统音乐、舞蹈、戏曲等现场表演并向人们展示传统手工技艺，使人们能够近距离、直观地感受到这些传统民俗文化的魅力。除此之外，在馆中还可以增加类似"武强年画印刷台"这样的体验性项目，让人们共同参与、亲身体验传统手工艺品的制作。在单一的专题性民俗博物馆中，要深入挖掘散落在民间的非物质文化遗产，加强搜集、整理、保存和研究工作，将博物馆建成一个规模齐全、配套设施完善，集参观、教育、学术交流、普及专门知识等多

---

① 单霁翔：《民俗博物馆建设与非物质遗产保护》，《中华文化论坛》2014年第5期。

功能于一体的民俗博物馆。

（四）依靠非遗资源增加现代节庆活动的文化内涵，挖掘打造具有代表性的品牌节庆活动

节庆，是节日庆典的简称，既包括以传统节日、各地庙会为代表的传统民俗节庆活动，又包括现代社会中出现的依托于当地特色资源，具有一定地域风情特色的以旅游为载体，以打造地方区域品牌形象，促进当地经济发展为主要目的的现代节庆活动。传统民俗节庆活动，主要是由民间自发组织的，在相对固定的时间和地点以特定的方式举办的内容相对固定的松散型的集体活动。传统的民俗节庆活动往往蕴含着丰富的民俗文化内涵，体现了当地的特色文化和风土民情，在悠久的历史发展过程中形成了独特的民俗节庆文化和丰富多彩的娱乐活动，比如元宵猜灯谜、清明扫墓、重阳登高、除夕守岁等。现代社会中出现的节庆活动，规模较大、影响较远的比如有青岛国际啤酒节、大连国际服装界、上海旅游文化节、潍坊国际风筝节、昆明国际旅游节、哈尔滨冰雪节等。这些节庆活动依托于当地的人文景观、资源状况和地域特色展开，形成了强大的市场吸引力、竞争力和品牌影响力。以青岛国际啤酒节为例，青岛生产啤酒的历史有一百多年了，并且围绕啤酒形成了一整套的饮食习惯和饮酒文化，其百余年酿造的啤酒文化和青岛人浓浓的啤酒情节成为了举办青岛国际啤酒节的重要动因，使得如今的青岛啤酒已经成为国际市场上最具知名度的中国品牌之一。[①]

[①] 臧巍巍、于健东、周洁：《现代节庆活动与城市文化传承——青岛国际啤酒节的启示》，《青年记者》2009年第11期。

在河北省太行山地区，各县市也依托于自身独特的环境优势和地域文化特色举办各种类型的节庆活动。比如，邯郸市围绕着本地深厚的历史文化资源推出了女娲文化节、磁山文化节、磁州窑文化节、中原民间文化节等一批极富文化深意和地域特色的现代节日。在重大活动方面，结合本地独有的非物质文化遗产资源，成功举办了国际太极拳运动大会，第五届世界马氏恳亲大会等，这些节庆的活动的开展有效地提升了邯郸的知名度，增强了邯郸文化的影响力。邢台依托于太行山丰富的自然资源和人文资源举办太行山文化节，并在活动中融合进当地特有的民俗文化遗产资源，比如沙河市举办的"广阳山与老子文化"研讨会、内丘县举办的扁鹊文化节、临城县的特色产品博览会、邢台宁晋工笔画展等。此外，还有临城县的绿岭核桃文化节、井陉矿区的焰火艺术节、元氏石榴花节、曲阳的梨花节、易县的狼牙山山花节等。这些活动既有效地提高了城市品牌形象，促进了当地经济的发展，又实现了对非物质文化遗产的保护、传承和开发。

（五）将非物质文化遗产与动漫艺术相结合，进行非物质文化遗产的动漫化开发和传承

动漫产业作为 21 世纪发展最迅速的文化产业之一，发展潜力巨大，它不仅是一个国家文化软实力的重要体现，而且还为经济发展和社会进步做出了极大的贡献。在美日韩等一些动漫产业较为成熟的国家，动漫产业的发展产生了极高的经济效益、文化效益和社会效益。我国政府同样重视发展动漫产业，积极拓展动漫产业基地。根据 2015 年的《动漫蓝皮书：中国动漫产

业发展报告》显示，近年来，我国动漫产业蓬勃发展，2011年动漫产业总产值621.84亿元，而到2014年底，中国动漫产业总产值已突破1000亿元，较2013年的870.85亿元，增长率超过15%，高于全国文化产业增长速度。[①] 我国的动漫产业存在着巨大的发展空间，如图2-3所示。

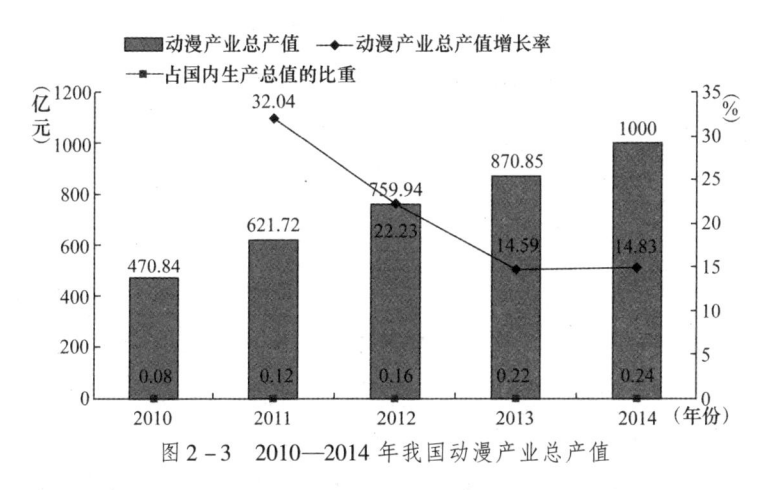

图2-3　2010—2014年我国动漫产业总产值

非物质文化遗产与动漫产业的结合既有利于促进非物质文化遗产的保护、传承和开发，又有利于促进动漫产业的发展。一方面，将非物质文化遗产进行动漫化的开发是符合联合国教科文组织的《非物质文化遗产保护公约》中的"创新"和"可持续发展"的要求的。随着经济的发展和城市化进程的推进，作为农业文明的产物，很多非物质文化遗产正在逐渐失去其生存和发展的土壤。由于大多数非物质文化遗产是通过传承人口传心授的方式流传下来的，随着传承人的离开，这些非物质文

[①] 卢斌、郑玉明、牛兴侦主编：《动漫蓝皮书：中国动漫产业发展报告（2015）》，社会科学出版社2015年版。

化遗产也在渐渐消失。还有很多非物质文化遗产的传统形式与当下的流行文化相去甚远，虽然政府加大了对其保护力度，但还是难以得到普通大众的关注和喜爱。作为人类第九艺术的动漫在当下这个注重视觉刺激的时代，受到了人们的广泛欢迎，尤其是受到年轻人的喜爱。据北京师范大学艺术与传媒学院在2009年展开的"未成年人影视收视行为调研活动"的调查数据显示：未成年人对生活服务、新闻、文化教育等类型的节目喜爱程度较低，均不超过25%，但是对娱乐及动漫节目的喜爱程度达到了72.93%。[1] 因此，将非物质文化遗产进行动漫化开发有利于吸引年轻人的关注，同时也可以使人们更轻松直观地了解有关非物质文化遗产的知识，增强对其的喜爱和保护。再者，利用数字媒介技术和虚拟动画技术，非物质文化遗产的动漫化开发可以更好地对其进行记录、保存、传播和展示，有利于非物质文化遗产的活态化保护。

另一方面，将非物质文化遗产与动漫相结合可以有效地解决我国动漫发展中的文化缺失问题。虽然我国动漫产业近年来发展迅猛，但是与日美动漫相比还是存在着不小的差距，在表面繁荣的背后，大多数国产动漫作品存在着制作粗糙、说教过分、深度不够、观赏性不高、创新性不强等问题。在技术高度发达的今天，我国的国产动漫要想得到进一步的发展、取得更大的进步，就需要从传统文化中汲取内容和涵养。我国丰厚的非物质文化遗产为动漫创作提供了大量有价值的、可供挖掘的

---

[1] 黄会林等：《2009年度未成年人电视媒体收视行为调研报告（上）》，《现代传播》2010第1期。

内容题材和创作元素。在中国动画史上最为经典且在国际上也享有盛誉的几部动画片都是取材自我国传统的民间故事和传说，比如《铁扇公主》、《大闹天宫》和《哪吒闹海》均是取材于民间文学小说《西游记》，《阿凡提的故事》取材于新疆当地关于阿凡提的民间传说，《九色鹿》取材于敦煌壁画的故事，《田螺姑娘》取材于福建省福州市地方民间传说，《梁山伯与祝英台》取材于凄婉动人的"梁祝传说"的爱情故事，《宝莲灯》取材于陕西省民间文学类非物质文化遗产中沉香"劈山救母"的神话传说，荣获 2006 年中国国际动漫影视作品"美猴奖"最佳短片大奖的《桃花源记》则是对中国古典散文《桃花源记》进行的二度创作。一些外国创作的风靡全球的动画片也纷纷从中国的民间文学中取材，比如迪斯尼公司制作的《花木兰》取材于我国民间关于花木兰的故事传说，《功夫熊猫》在内容创作上融合了功夫的传统元素，在色彩运用上借鉴吸收了中国年画的着色风格。剪纸、木版画、水墨、皮影戏等非物质文化遗产元素也常常被运用于动画片的创作中。

在对河北省太行山地区非物质文化遗产进行开发的过程中，需要充分考虑当下时代的流行特色和人们的审美诉求，将非物质文化遗产与广受欢迎的动漫艺术结合起来，进行非物质文化遗产动漫化的保护、传承和开发。首先，对于民间文学进行动漫化开发。河北省太行山地区在五万多年前就已有人类居住，其远古文化资源和民间故事传说非常丰富，如女娲传说、张果老传说、临城赵云故里传说、许由与尧帝传说、赞皇六宰相传说、郭巨孝文化等。这些广为流传的非遗民间故事可以作为动漫创作的素材来源，进行动漫化的开发和创作，即通过动漫语言、动漫技术,将这些民间传说转化为能够为观众所见所感的动漫影像。这样通过口传心授流传下来的民间传说就可以通过影像的方式进行传播留存。其次,对于珍贵的传统手工技艺可以通过纪录片的方式加以呈现,在纪录片中运用3D动画等数字技术对传统手工技艺进行记录、再现、保存和传播,使人们更加直观地了解这些非物质文化遗产内容。纪录片《圆明园》就很好的通过动画技术来呈现那些精妙地传统工艺。影片中用了许多3D动画再现了圆明园气势磅礴的建筑和工艺,使人们从影片中感受到了中国清代民间工艺的精湛和鼎盛,很好地了解了我国民间非遗技艺的高超和独具匠心的建筑手法。如果没有3D动画在影片中的拓展补充,仅靠记录断壁残垣的真实圆明园景貌,根本无法满足我们进一步了解圆明园历史全貌和建筑技能的愿望,纪录片也就失去了原来的初衷。[1] 再次,河北省太行山地区民间美术资源内容庞大,种类繁多。比如,内丘神码、面塑、泥塑、蓝印花布、磁县花灯、磁州窑刻花等,民间美术造型承载着中华民族的文化基因和审美情趣,将这些民间美术资源融入动漫创作中,为动漫形象提供符合民族审美的造型设计,既可以丰富动漫形象的视觉效果和艺术形态,提高了动画艺术作品的吸引力和表现力,又赋予了传统民间美术资源更丰富的文化内涵和时代特性。

---

[1] 莫涛:《浅析动漫在非物质文化遗产保护中的优势和价值》,《商业文化》2010第10期。

第三章　河北太行山文化产业带手工艺品的发展概况及开发策略

民间手工艺从广大劳动人民的创作中诞生，反映了民间丰富多样的社会文化生活。我国民族众多，历史文化丰富多样，民间手工艺更是有着悠久的历史，具体形式分布广泛。然而，随着城市化与工业化的推进，一部分民间手工艺江河日下。民间手工艺人的生存状况令人担忧。根据国家统计局2012年颁布的《文化及相关产业分类》，手工艺品分为雕塑工艺品、天然植物纤维编织工艺品、花画工艺品等。

第一节　河北太行山文化产业带手工艺品的历史与发展概况

一、雕塑工艺品的历史与发展概况

（一）曲阳石雕

1. 曲阳石雕的历史

曲阳县隶属于保定，位于太行山东麓。因古时建城与恒山弯曲之阳而得名。这个面积1000多平方公里的县有我国首批入选国家非物质文化遗产的曲阳石雕。河北省曲阳县石雕艺人创造出无数精美的工艺品，最引人注目的无疑是北京天安门广场的人民英雄纪念碑，纪念碑下部的八幅浮雕，就是曲阳石雕艺人的作品。

曲阳县羊平镇境内有一座黄山，黄山自然资源丰富，盛产大理石，储量约3.58亿立方米。曲阳石雕所用材料——天然汉白玉，大多取自这里，石质洁白晶莹、脂润坚韧、纯净细腻、经久耐磨，是雕刻的上好原材料。

据史料考证，最早将石雕用于建筑业是在公元前二百多年的汉代。《曲阳县志》中这样记载："黄山自古出白石，可为碑志诸物，故环山诸村多石工"。到了唐朝，曲阳石雕的影响力进一步扩大，成为中国北方的雕造中心。到了元朝，曲阳石雕声名远扬，出现了一大批优秀的石雕艺人，如杨琼、王道、王浩等。元世祖忽必烈在兴建大都时，在全国范围内招募能工巧匠，曲阳的杨琼因技艺高超，被委以重任。史料中记载，杨琼设计并监造了天安门前的金水桥。

明清时期，曲阳石雕工艺更加精进，部分作品甚至登上了国际舞台，例如《仙鹤》《干枝梅》等在巴拿马国际艺术博览会上荣获第二名，以致"天下咸称曲阳石雕"。

中华人民共和国成立后，人民大会堂、历史博物馆、人民英雄纪念碑的兴建，修复天安门，建造毛主席纪念堂，重修赵州大石桥等重大工程，也都有曲阳石雕艺人参加。今天，我们在首都人民大会堂河北厅中看到的历史名人浮雕，就是由他们设计完成的。

20世纪的最后十年，曲阳石雕企业和产品步入成长期。消费者对产品提出差异化、个性化要求，产品销量日益增加。随着订单的增多，曲阳石雕企业剧增，但产品层次及特点各不相同。随着产品价格增加，利润也逐步攀升，原有企业也会同时在此阶段扩增，努力增大市场份额。

1995 年曲阳县被国务院正式命名为"中国雕刻之乡"。2006 年 5 月 20 日，经国务院批准，曲阳石雕正式列入第一批国家级非物质文化遗产名录。

2. 曲阳石雕的现状与问题

曲阳雕刻业有着悠久的历史，并在改革开放后取得了长足发展，但由于长期无组织的自由发展，再加上经营者缺乏管理意识，在经营过程中逐渐出现了一些不容忽视的问题，如不及时解决，甚至影响今后的进一步发展。

首先是布局分散。全县的雕刻厂数量众多，规模参差不齐，分布零散，而且大部分以作坊式生产，企业规模小，组织松散，单打独斗，致使对各雕刻厂管理不便，缺乏凝聚力，也不适应产业带发展的要求。

其次是竞争无序。受利益驱动，企业往往采取不正当竞争手段，以次充好，低价倾销，互相挤压，既损害了曲阳雕刻的声誉，也在总体上妨碍了曲阳石雕企业精品产出的积极性，大大削弱了总体竞争力。

最后，曲阳石雕在区域品牌保护与知识产权保护两方面存在欠缺，造成曲阳石雕的精华作品很容易被粗糙复制。模仿加工石雕艺术品的成本低，艺术价值低，但为了逐利，不少企业仍采用这种方式饮鸩止渴。事实上，模仿加工始终是曲阳石雕中小企业的基本发展模式，没有创新的作品始终不是长久之计，这一方面损害了企业自主创新的积极性，侵犯了原创者的知识产权和应得利益，另一方面也会造成石雕产品同质化现象严重，给曲阳石雕行业的整体发展带来极大的隐患。有的企业为了研制新产品，不得不到秘密的地方去做，以图保住市场，但产品一旦面世，就会迅速引来众多复制品。与低水平的重复模仿形影不离的是石雕企业陷入价格战的泥潭，为争客户而互挖墙脚，无法形成有效的竞争机制。非理性竞导致曲阳石雕产品价格低廉，由此又带来粗制滥造的弊端。这种恶性循环正损害着曲阳石雕产业的健康发展。①

(二) 定瓷的历史与现状

定瓷，顾名思义，是指定州窑陶瓷，定州窑有着悠久的陶瓷烧制历史。定瓷胎质细腻、坚密、釉色透明，柔润媲玉。定窑烧制始于唐、兴于北宋，失于元，是中国北方大地上影响深远的一个窑系。定窑同历史上的汝、钧、官、哥窑一起，号称中国宋代五大名窑。

定窑是宋代北方著名瓷窑，也是有名的官窑，五代时期，其产品就作为御器供皇宫专用，今天出土的定瓷制品很多刻有"官""新官""尚食局""尚药局"等皇家专用款识，大量独特的刻花、印花精品，成为收藏家们争相收藏的珍品。

定窑发展至元代，由于各种原因失传，几百年间定瓷在市场上不见踪影。直到1976年，以中国工艺美术大师陈文增为代表的"定瓷三杰"（陈文增、蔺占献、和焕）提出恢复定瓷，他们提出"光中华之绝技，创定窑之全新"的经营理念，从国

---

① 《曲阳石雕厂的发展面临机遇与挑战》，河北曲阳星缘石雕厂官网 2015 年 4 月 30 日，http://www.quyangshidiao8.com/index.shtml。

家大文化的战略高度定位定瓷文化的复兴。同时，在国家政策扶持下，"保定地区工艺美术定瓷研发小组"成立。40多年来，定瓷专家不断钻研，经过千万次的研发试制，新一代定瓷人终于摸索出烧制定瓷的配方和工艺，并完成由仿古定瓷向现代定瓷的接轨和移植。如今，聚集在曲阳县的定瓷生产企业达到60余家，来自全国各地众多陶瓷专家纷纷在这里设立工作室。2009年，陈文增被授予国家级非物质文化遗产保护项目曲阳定瓷代表性传承人的称号。

为顺应时代发展趋势，陈文增提出必须实现"机械化生产"，只有让定瓷与现代人的生活融为一体，才能再现宋代辉煌，避免与现代化生活节奏脱节。2012年，中国陶瓷艺术大师和焕设计出高档餐具——定窑手工雕花系列餐具，陈文增的公司将这一系列产品投入生产。这些餐具造型简约、雕琢精美，再现了定窑材质美与手工装饰的独特魅力，受到各大高档酒店的好评。2013年，陶瓷业内领先课题、公司计划内项目"阳模滚压印花工艺及产品"初步试验成功，定窑印花工艺实现机械化生产，且器形更规整，纹饰更清晰。由此，定瓷实现由艺术陶瓷为主向日用瓷倾斜的战略转型，使传统定窑文化在当代日常生活中重新焕发风采。

(三) 磁州窑的历史与现状

磁州在河北省邯郸市，磁州窑有着悠久的历史，也是中国古代北方最大的民窑体系，烧制汉族传统工艺品，因此有"南有景德，北有彭城"之说。古窑址位于今河北省邯郸市峰峰矿区的彭城镇和磁县的观台镇一带，磁县宋代叫磁州，故名磁州窑。

磁州地区的先人们早在 7500 年前便开始烧制陶器，彭城以北 20 公里的磁山新石器时期的遗址，曾出土过大量的夹砂褐陶和红陶器，中国社会科学院将其命名为"磁山文化"，从而确定了这个地区作为古老陶器发祥地的历史地位。

两晋南北朝时期，彭城、临水地处中原经济文化最发达的地区，成为京师邺城临漳西郊的名胜之地。陶冶技术也趋于成熟，已经烧制出了青瓷和化妆白瓷，完成了由陶向瓷的飞跃。

磁州窑在北宋中后期发展到鼎盛，南宋至明清仍有延续。磁州窑主要生产白釉黑彩瓷器，其作品首创了汉族瓷器绘画装饰，工艺精良，磁州窑烧制技艺也为宋以后景德镇青花及彩绘瓷器的大发展奠定了基础。

在过去的考古调查中曾发现临水窑窑址，出土百余件青瓷碗，这些器物有一半以上在口部施用白化妆土，上罩以青黄色透明釉，化妆部分显现出黄白色，这是磁州窑釉陶向化妆白瓷过渡的初级阶段。1975 年，研究人员在临水发现了一处唐代古窑址及化妆白瓷器残片，说明此时磁州窑化妆白瓷的烧制已经步入成熟时期，窑器也由支烧改为笼（匣钵）钵装烧。

到了宋代，磁州窑步入兴盛时期。磁州窑是宋代北方民间瓷器的典范，在造型或装饰上都着眼于实用、美观和经济。在长期烧制陶与瓷的实践中，逐渐形成了独特风格与特征（即白化妆技法），多用统一的造型、独特的装饰技艺构成了磁州窑产品的风格体貌，体现出地方特点、民族风格和时代特色。[①]

[①] 《磁州窑系分布及特点》，http://www.yishuiyan.com/culture/yishui.aspx2016 年 1 月 15 日。

它的产品多是日常生活必须的盘、碗、罐、瓶、盆、盒之类的用具，线条流利、自由奔放，表现出民间艺术所共有的豪放朴实的风格。宋代的磁州窑汲取题材广泛，形成多样，寓意丰富，并将陶瓷技艺和美术揉融在一起，将陶瓷器物提到了一个崭新的艺术境界，开创了陶瓷艺术的新纪元。

(四) 易水砚

易县位于保定，以州南十三里易水为名。除了山清水秀的风景，易水河畔，最著名的就是易砚。相传，易砚始于战国，唐宋时发展到兴盛，成为宫廷贡品，堪称石砚鼻祖。2006年，易县东汉墓出土的汉代石黛板被专家认定为迄今为止发现的最早的古代易砚，这可以证明易水砚至少已有1800年历史。易水砚是我国名砚中的瑰宝，也是中国著名的古砚之一。

易砚（古亦称奚砚）历史悠久，砚石取材于易县（古称易州）的易水河南岸黄龙岗和西峪山，是制砚的上等原材料。《墨史》载：早在唐代，易州的奚超父子就继承了墨官祖敏的松烟制墨技术，并在易水终南山津水峪发现了"奚砚"，即现在的"易砚"。五代时，奚超之子奚庭圭被南唐皇帝授为"墨官"，并赐"李"姓，由易州迁居歙中，成就了"徽墨"、"歙砚"的开山祖。至今，安徽老胡开文墨厂还悬挂着一副对联：'师承古易水，奇珍握墨绝'。易砚与端砚并列为中国十大名砚。专家认为，关东肇庆一带的端砚最初是受到易砚的影响，在原有的基础上加以创新形成的，中国北方的易砚与南方的端砚齐名，民间也有"南端北易"的美谈。

"易砚"是河北易县所产砚台统称，而"易水砚"则是由

"河北易水砚有限公司"独家注册生产的中国驰名商标。河北易水砚有限公司继承和发展易砚千百年来的传统工艺,并不断推陈出新再创辉煌,已成为中国易砚的杰出代表和当家品牌。易水砚同样取材于太行山区的西峪山,石料是色彩柔和的紫灰色水成岩,有的还点缀着天然碧绿或淡黄色斑纹,甚至暗紫、碧绿等不同色彩呈页状叠积,俗称"紫翠石"、"玉黛石"等。[①]

2008年易水砚制作技艺被列入为"国家级非物质文化遗产",2010年易水砚被国家商标总局评定为中国驰名商标,并先后荣获中国十大名砚、联合国教科文组织杰出手工艺品徽章、保定金牌、中国民族文化优秀品三宝等上百种奖项,受到国家领导人以及海内外社会名流、工商业巨子的赞赏和珍爱。多年来,易水砚一直处于快速发展中,国家级非物质文化遗产传承人邹洪利带领近三十余位拥有省级资质的制砚大师等共同设计、制作,在继承古代传统技艺的基础上不断创新,融入现代科技,保证和提升了砚台的品质,得到客户和业界同仁的广泛认可。

易水砚深入现代人的日常生活,从用于书法的砚台到精美的观赏品和收藏品,虽然与古代相比,实用性有所下降,但其文化价值和收藏价值大大提升,逐渐成为高档的艺术珍品。其产品被人民大会堂、中华世纪坛、北京园博园、军事博物馆等国家机关、大型公共场所、重点大学、大型企业、著名风景旅

---

① 《易水河畔的"砚"阳天》,长城网2011年10月10日。http://culture.hebei.com.cn/system/2011/10/09/011456851.shtml

游区等场所收藏,并多次作为国礼赠送国际友人。

二、天然植物纤维编织工艺品——高粱秸秆工艺品的发展概况

高粱秸秆工艺主要分布于北方的石家庄井陉矿区,用高粱秸秆编织日用品和工艺品的历史可以追溯到清末民初,其工艺品以矿区周边农村农民种植的高粱秸秆为原材料,其创作手法完全依靠手工,即使用"选、剪、削、雕、刻、咬合、粘"等综合工艺流程制作。在制作过程中所使用的相关器具有自制刀、剪、钳、锉、小电锯(自制)、黏合剂等,其作品工艺结构严谨,造型独特,兼具实用性和审美性,具有典型的地域风情和民间特色。作品类别有花、鸟、虫、兽、古建及人物肖像等。

在井陉矿区秸秆扎刻艺人中,徐耀德最具代表性。他最初的高粱秸秆制作,是从蝈蝈笼子开始的。物资贫乏的年代,庄稼人将秋收后的高粱秸秆截成一段一段的,农闲时,用咬合、锁扣等技术做成一个个美观实用的蝈蝈笼,手艺好的还能做出有许多"小单间"的笼子。但徐耀德不满足于制作这些小玩艺儿,他要做出有观赏价值、保存价值的工艺品。

19世纪30年代,徐耀德向老艺人学习用高粱秸秆咬合制作出小灯笼、小绣球、编草帽等较简单的作品,在继承既有工艺的基础上,经过不断摸索和反复实验,他钻研出一些新的编织物,其作品形象逼真,做工精细,特色鲜明,极具保护价值。

徐耀德的代表作品《中国百龙壁》,长9米,高3米,共用高粱秸、杆、皮30多万件,100多万道工序,带领12个徒弟、

学员制作 10 多个月完成。《百龙壁》介绍了从商周至明清的龙的变化，取"九九归一"的创意，99 条龙形态各异、活灵活现。

由于该技艺主要靠口传身授，传承艰难。目前，矿区已成立秸秆艺术研究会，对高粱秸秆工艺的制作工序，以及已成品的部分作品艺术内涵进行挖掘、保护。

三、花画工艺品制造历史与发展概况

（一）沙河豆面印花技艺

河北省沙河市沙河城北街，是沙河的古县城。沙河主要原料是从植物中提取的蓝色染料，也就是靛，再加上当地产的优质大豆面粉和优质石灰粉，布料则是冀南一带产的土白布和机织白布。

沙河城北街的豆面印花发源于明末，兴盛于清朝。创始人胡耕成是在南方丝绸商人的启发下，在沙河城开办了"全兴号"印染作坊，从清雍正年间开始研究雕版豆面印花。豆面印花是在棉土布上雕版各种图案，融入了绣花的特点。豆面印花图案形象逼真、简练传神、充满乡土气息，贴近百姓日常生活，将乡间淳朴、恬静的氛围表现得淋漓尽致。这一带的人们长期以豆面印花的棉布代替丝绸，印染出各色好看的棉布，家家户户以用豆面印花布为荣，豆面印花布也是当时布衣人群婚庆的必需品。300 多年来享誉冀南，畅销燕赵。后来经过历代艺人研发改进，印染技术不断创新。

沙河豆面印花工艺操作起来很简单，这也是为什么这项技

艺在乡村地区得以久久传承的原因之一。印染时先在纸上描绘好需要印染的图案，并用刻刀镂空，再用桐油制成花版，也叫漏版。第二步是将白布用清水洗去浆粉，晾干，用烙铁熨平展。然后将白布铺在木案上，把花版铺在白布上，把豆面和石灰粉按一定比例调成糊状，用毛刷将浆糊涂在图案上。当印花完成后，再将其晾干，下染缸印染，出缸后再晾干，用刮刀除去豆面，即显出白色图案。

"全兴号"印染作坊的作品花样繁多，精致美丽，图案秀丽典雅不易褪色，是享誉冀南的极品。1982年，沙河城北街村印制的"凤凰戏牡丹"被面、"麒麟送子"褥子面、"狮子滚绣球"门帘和"鹊上梅梢"围裙等制品被送到北京以及日本展出，受到专家们的一致好评。

沙河豆面印花出现后，深受广大群众喜爱，人们无论被、褥、台布、围裙等都爱印花，在相当长的时间内被广泛使用。但随着机器印染的大发展，豆面印花的发展空间变得日益狭小，逐渐退出历史舞台。北街的豆面印花作坊惨淡经营到1996年，已停业二十年。印花艺人尚在，工具尚存，但由于工业替代品的出现，这种民间技艺已经濒临失传。

(二) 沙河四匹缯布制作技艺

沙河四匹缯布制作技艺流传于沙河十里亭镇及孔庄一带，也是一种民间织造土布手艺。因在制造过程中使用四匹缯来分辨经线的格式，故称四匹缯布。

明清时期，四匹缯布的纺织技术传入沙河各地，深受当地人欢迎。沙河四匹缯布的制造过程全部采用纯手工技艺，由多种颜色和经纬线织成不同图案。后来，沙河十里亭、孔庄一带的手艺人进行了改进，逐步利用较简单的工具，后又经过一段时期的发展，才有了组合工具，但仍为手工纺织。四匹缯布从22种基本色为基础，变换出近两千种图案，有"大小点"、"拉不断"等20多个花色，沙河四匹缯布代表着民间手工艺的高标准。

沙河四匹缯布的传统流程为：棉纤维梳理、搓卷、纺穗子、拐卷、水煮、染线、络线、绞线等多种工艺。需要用到的工具有轧花机、弹花机、纺花车、拐子、轮车、绞绞、络子、织布机、经布绳、经布棍、缯、梭。

四匹缯布的产生和发展，根植于人民群众对物质的需求，在没有机器生产的年代，人们生活用到的布都得手工纺织，如何纺出更好看且结实的布就成为了急需解决的问题。四匹缯布的制作流程非常原始，从采棉纺线到上机织布，要经过大大小小72道工序，全部由手工完成沙河四匹缯布图案色彩艳丽多样，除了花鸟鱼虫等装饰，还有宝莲灯、仙女散花、蚂蚁上山、石榴大开花等具有民间故事情节的图案。可做成衣服、被褥面、沙发套、毛巾、枕巾、围裙，用于日常使用。

作为典型的民间手工艺，四匹缯布曾代表河北省参加在日本举办的亚洲地区民间美术展。2007年6月，该技艺被河北省政府公布为第二批省级非物质文化遗产项目。过去当地妇女都会织布，但同豆面印花技艺一样，由于现代工业品的冲击，现在很多人至少已有20年时间不再纺花织布了，青年女子学织布的为数更少，加上好多纺织工具的破损、丢失，这项手工技艺面临失传。

第二节 河北太行山文化产业带手工艺品存在的问题

面对民间手工艺衰落、传统手艺后继无人的现状，尽管国家相关部门已通过立法保护、建立博物馆等方式遏止其倾颓之势，但实际效果并不理想，在太行山地区，手工艺的发展存在以下问题。

一、贫困县的形象定位不利于手工艺品开发

在河北太行山地区的25个县中，有9个被列入河北省2016年《国家八七扶贫攻坚计划》贫困县名单，全部分布于保定市和石家庄市。国家级贫困县虽然每年都有国家财政拨款和政策扶持，然而从市场经济的角度考虑，贫困县的形象定位，非但不能增加这些地区手工艺品品牌的美誉度，一定程度上还会对区域品牌中的无形资产造成负面影响。

贫困县的形象经常使人联想到恶劣的自然环境、落后的技术条件或落后的经济实力，带给人不良的心理预期。这种形象定位只能使竞争主体在市场竞争中处于劣势。易县虽然作为贫困县暂时获利，但不能抵消对其区域品牌的长期负面影响。易水砚在历史上与南方的端砚并称"北易南端"，但是，与易县相比，端砚的产地广东肇庆是经济强县，曾经被评为全国科技进步先进市，这样的城市定位在吸引人才、资金等方面都会增色很多。作为国家级贫困县的易县，在引进人才和资金等方面，存在着很大的问题。

二、缺乏版权意识，复制现象严重

河北太行山地区从大的范围来讲是中原仰韶古文化、北方红山古文化、内蒙古河套古文化接触的"三岔口"，然而经过成百上千年的人类活动，独特的地域文化并不突出。因此在太行山文化产业带，无论是手工艺品还是旅游资源，都呈现同质化倾向。

以保定曲阳石雕为例，曲阳县有着深厚的历史文化积淀，但石雕作品并没有与自身所处文化地区的特点相结合，作品雷同、仿制现象突出。另外，曲阳石雕艺人的知识产权保护和专利意识淡薄。目前，"曲阳石雕"这一区域品牌尚未获得国家颁发的地理标志证明商标。在品牌保护方面，曲阳明显落后于南方的惠安、青田。青田石雕、惠安石雕大概在十多年前就已荣获国家颁发的地理标志证明商标。在版权保护方面，曲阳石雕艺人很少有人申请外观设计专利。经国家知识产权局专利检索系统查询，曲阳石雕只有2项外观设计专利，分别为甄彦苍《关爱人间》和刘红立《两色释迦牟尼佛》；而惠安石雕则有50余项外观设计专利。在外观设计专利申请上，曲阳石雕艺人远远落后于惠安石雕艺人，这表明曲阳的石雕艺人需要强化专利和版权意识，积极保护自己的创新成果。

三、人才断层，面临后继无人窘境

无论是技术、管理还是创新都离不开人才，人才是企业最活跃和最核心的要素。在河北太行山地区，从事传统手工艺制作的的多为中老年手艺人，从业人员文化素质较低，初中毕业后不再读书，跟着师傅进行手工艺品制作的农民占了大多数，这就决定了他们只能做普通的"手艺人"，而难以成为"大师"。任何工艺品的发展、成熟都需要不断创新，借助美学元素与来自现实生活的灵感。河北省太行山地区由于历史原因，经济发展普遍阻力较大，年轻人外出读书或打工，取得一定成绩后很少返回农村，而是选择更大的城市扎根。手工艺品缺乏市场——没有经济利益——人才流失——市场更加萎缩就成为了一个恶性循环，最终导致传统手工艺品的传承难以为继，甚至逐渐失传。

还以曲阳石雕为例，曲阳有世界工艺美术大师数名，省级工艺美术大师百余名，然而在世的国家级工艺美术大师目前却没有。受国内外市场的影响，在卢进桥、甄彦苍、安荣杰等为代表的艺术大师离开雕刻一线后，年轻一代的雕刻者过分追求市场效益，缺乏对雕刻艺术的探索与研究，没有沉下心来做艺术品的心思。而作为传承、弘扬曲阳雕刻艺术的雕刻学校，也只是培养技术工人，没能搭建起雕刻艺术的中、高端平台，致使曲阳雕刻艺术研究氛围不浓，学习气氛不够，高精尖的雕刻艺术人才出现断层。在这个强调"工匠精神"的时代，雕刻艺人更需要有匠人精神，只有让自己满意才会让顾客满意，当工艺价值提升了，经济效益也会很快跟上。

传统手工技艺由于技术难度大，需要长期训练累积，同时也需要研习者具有一定的天资禀赋，因此很多手工匠人的子女往往望而却步。加上外来现代文化的影响，具有俗、土、杂特点的乡村手工艺，许多年轻人也不感兴趣。但随着近些年来民间工艺产业的快速发展，加之社会就业难度大，因此很多乡村手工艺大师的后代也逐步对手工艺产生兴趣,并从心底来说,真正愿意继承并传习父辈的技艺。

第三节 河北太行山文化产业带手工艺品的开发路径

一、影视宣传

《我在故宫修文物》在 2016 年伊始在网络上广泛流传。制作团队历时五年调研,四个月不间断拍摄,记录下热闹繁华的北京故宫中最不为人知的一面——故宫博物院科技部。一部内容冷门的纪录片之所以受到欢迎,是因为它在很大程度上契合了纪录片的主要受众——年轻人的喜好。《我在故宫修文物》先描述了如何修复青铜器、宫廷钟表和陶瓷,之后描述了木器、漆器、百宝镶嵌、织绣的修复过程,最后落笔于书画的修复、临摹和摹印。短短三集一方面让年轻人了解了我国传统工艺的博大精深,另一方面契合了"工匠精神",同时恰逢故宫博物院 90 年院庆,大大提高了故宫博物院在海内外的美誉度。

河北太行山地区有历史文化背景的传统手工艺品不占少数,但多数因为各种原因发展前景并不被看好,对其宣传和开发也很有限,这一点可以参考央视打造的纪录片《手艺》。

《探索·发现》曾致力于研究中国传统手工艺的制作与传承,尝试从多个角度研究中国传统手工艺。《手艺》开播 5 季,以最传统的方式让人们感知手艺,它是一门双手与简单工具配合所产生的手工技艺和艺术,数十载的积淀才能使一门手艺走向成熟。在时代的路口,是把手艺继往开来?还是在艰难中亦步亦趋?发展迅速的现代社会里,到底有几分传承值得被铭记或者遗忘？那些中国传统文化的经典中我们必须传承下来的又有哪些？

技艺代表的是智慧，每一个工艺品的背后都有数不清的美好回忆，它是世纪的缩影，是人类精神的写照。创新还是传承？这是个始终郁结于心的问题。

《手艺》纪录片中有一集是《问道于石》，记录了来自福州的石雕奇人刘北山的雕刻故事。片中刘北山雕刻的三脚金蟾的精益求精、适合石雕的石材、雕刻作品的每一道工序、福州当地的石雕门牌等，将石雕这一传统手艺抽丝剥茧展现在观众面前。同时，该纪录片着重表现了传统手艺人的创新之处。譬如，千百年来，中国文人把玩的印章上的印纽总是以古兽为主，古兽以及它所表达的意义只有中国人看得懂，刘北山却打破这一传统，独具匠心地设计了牡丹花印纽、青铜器印纽等让人耳目一新。在接受老祖宗们留下来的的传统技艺同时，加入了创新的现代元素。这也是福州石雕生生不息的根源所在。

纪录片有时候影响着我们的生活。一部制作精良、有文化底蕴的纪录片可以让主体冲破地域限制，对其发展产生范围更大的影响。

以此为鉴，对于曲阳石雕、易水砚等，目前在该领域还是空白。这样的手工艺品既有源远流长的传统技艺，又有精美绝伦的实体作品呈现，十分适合为其量身打造一部纪录片，提升太行山地区手工艺品的知名度和美誉度。

二、分级保护开发

分级保护开发民间手工艺资源是指针对传承保护与开发利

用民族民间手工艺品中存在的从业人员青黄不接、传统技艺面临失传，民族传统工艺产品市场开拓不足，缺少民族手工艺展示、销售平台等问题，政府相关部门采取措施，加强保护。传统手工艺的逐渐湮灭，意味着传统文化的继承岌岌可危。各级政府应遵循"抢救第一、保护优先"原则，分批分层次地把各类手工艺资源纳入保护名录，实行分级保护、开发制度；同时要加强对民间手工艺的保护和宣传，增强全社会和广大群众对民间手工艺保护意识，动员社会力量和广大群众积极参与民间手工艺保护、开发和利用，共同推动民间文化的繁荣。相关部门可以充分运用声、光、电等现代传媒手段进行记录和保存，使后人能具体了解该工艺的制作流程，依此恢复其技艺和生产。

三、提升品质

提升工艺品质量是产业化的根本内涵，对濒临失传或具有重要价值的民间手工艺，行政部门或文化部门应该着重保护，拿出一定的经费鼓励民间艺人带徒授艺，实行抢救性保护。可以在旅游环线及手工艺技艺比较显著的乡村建立科技富民工程示范村和科技示范户，加大资金和技术扶持投入，做好各类手工艺基础知识、工艺技术的培训和工艺产品的开发引导工作。还应将现代工艺技术与传统工艺品的特征相结合，既发挥传统工艺的艺术气息，又吸收现代加工工艺的优点，更好地促进民族手工艺的发展。

政府推进技术改造，以机器生产代替制作中的部分环节，降低工艺品成本和价格，满足大众消费需求。设立民族手工艺品展示区，按照"民办、民管、民受益"的原则，调研组建议积极引导、支持和帮助手工艺传承人组建专业合作组织,积极探索多渠道、多层次的联合与合作,扶持农民专业合作组织和自办民族手工艺加工企业。在交通环线、旅游景区、城区等区域设立有一定规模的民族手工艺品展示区,把全县具有民族特色的手工艺品进行集中展示,以此打开市场销路,实现经济效益。

四、人才培养

为了河北太行山地区工艺品能够更好地传承和发展,培养现代化手艺人势在必行。传统手艺人数量少,年龄较大,制作工艺较为原始,缺乏创新,工艺品的发展不能仅靠沿袭传统,还应该推陈出新,在旧有技艺中添加现代元素,这就需要现代化人才加入到手工艺品的开发队伍中来。

建水紫陶工艺大师陈韶康的儿子、儿媳都继承了他的紫陶手艺,并且自己摸索研究,建立了自己的紫陶作坊,并没有一成不变地沿袭父辈的手艺,更多地有了自己的创新与突破。陈韶康的外孙女原本认为做紫陶很辛苦本不想从事这一行业,但由于现在社会人才过剩,就业形势严峻,也选择了制作紫陶这条路。

国学大师南怀瑾先生曾评价文化为"贵贱无常,时使物然"。他说,"贵贱无常",这四个字包含了很多东西,一个人或一件物品其价值不是一成不变的,而是会根据社会、时代、环境的变迁而产生变化。在过去,所谓的民间手工艺不过是老百姓为了生活而进行的创造,由于汇集了浓浓的风土人情,长时间后变得极具地方特色。今天,主流社会开始重视和认同乡土文化,手工艺则作为地方特色文化重新展现生机与活力。但人们的思想进步远远落后于物质文明的发展,真正愿意从事传统手工艺的人寥寥无几,这也使手工艺的发展面临极大的困境。

同样是以"砚文化"被人们熟知的肇庆,率先认识到这一点,在人才培养上下了很大功夫。

2013年10月,广东省肇庆成立了砚文化研究基地,基地以多方位推广、宣传、普及砚文化(特别是端砚文化)为职责,通过宣传砚文化在日常生活中的实用和审美功能,打造广东肇庆作为"中国砚都"的第一品牌,扩大品牌的影响力及美誉度;拉动肇庆整体文化产业的繁荣与发展。

砚文化研究基地与高校专家、砚界专业人士合作。为了培养高层次端砚专业人才,肇庆学院聘请了端砚专家,已在大学生中开设端砚设计制作专业选修方向,以后还计划办成相关专业。肇庆市端砚行业传统的纪念拜师活动丰富多彩,肇庆学院作为端砚工艺大师与端砚学子之间的桥梁,为他们举办拜师节,帮他们建立起"传、帮、带"的传统师徒关系,通过恢复非工业时代手艺的传承关系,培养端砚工艺的制作技术传承人。学校每隔几年会召开一次全国性的砚文化学术研讨会,或是本市范围内的端砚学术研讨会,将学界和业界的研究相结合,专家学者手艺人相互交流,进一步促进端砚文化发展。与端砚协会及文化企业合作建设端砚大师精品展陈列室,吸收端砚协会及文化企业在端砚文化建设方面取得的成果,为校园建设充实文化底蕴,提供专业支持。引进端砚协会多位大师名家的优秀端砚作品进驻,从而达到建设主题校园与弘扬端砚文化的共同目标。

五、传承人—社会企业—村落开发模式

近年来国内兴起了一些以传承民间手工艺为目的的社会企业，例如北京采桑子文化艺术发展中心、笃挚手工艺组织等。这些企业兼具盈利性和公益性。换言之，这些以社会企业进行自我定位的组织一方面通过对民间手工艺的商业开发获取利润，另一方面通过村落开发等方式保护民间手工艺，例如北京采桑子文化艺术发展中心的创始人刘立军给采桑子的定位即是"产业传承文化、文化产业扶贫"。

这一新兴的民间手工艺保护与开发形式就是：传承人—社会企业—村落模式。具体而言，传承人加入社会企业的工作团队，社会企业通过贸易方式提升传承人的收入水平，并将组织的利润进一步分配到村落的开发，如教育事业，从而达到互利共生的目的。

（一）传承人—社会企业

社会企业将手工艺师傅与消费者联系起来，成为传承人和市场交流的平台，依据公平贸易的原则将传承人的手艺转化为经济利益，同时也在一定程度上保护了传统手工艺。公平贸易是指降低中间商的利益，最大化第一线生产者与劳动者的权益，保障其获取符合付出的收入。这种交易方式改变了传统的商业开发剥削劳动者劳动成果的现象，从而充分调动了手工艺者的积极性。例如笃挚手工艺是与云南、贵州等地的手工艺生产组织以及家庭工坊的设计师联系起来的，将这些手工艺者所制作的手工艺品进行销售，下设渠道包括手工艺品商店、乐创意市

场、淘宝网等。

采桑子文化艺术发展中心关注客户需求，再组织设计师进行研发设计，同时对当地的妇女进行培训并组织她们进行系统化生产。发展中心会先付一部分钱给她们，产品生产出来以后，进行精美包装，随后投入市场，积极推广，最后才是产品的销售，销售收入有一部分支付剩余的费用给生产者。

从上述经营流程来看，民间手工艺的保护与开发与公平贸易的理念相结合，而正是这一理念的支持使得社会企业将传承人置于商业生产过程中的优先位置，这也是社会企业不同于商业企业的关键区别。换言之，传承人—社会企业环节的特点是以公平贸易理念重构劳动者与中间商的劳动关系。

(二) 社会企业—村落

由于民间手工艺的地域性特征，传承人居住较为集中，这既为家庭工坊的形成提供了便利，更方便了社会企业进行村落扶贫与开发。社会企业在通过商业生产与销售获得利润之后，在保障其自身生存与发展的前提下，并非将余下利润进行股东分红，而是将之投入到村落的社会建设之中。例如欣耕的经营所得除维持机构正常经营与发展、改善贫困人群生活状况之外，全部用于建立"欣耕教育基金"，资助贫困地区品学兼优的青少年完成学业。笃挚手工艺还建立了乡村图书馆，并开展有关的助学活动。因此，如果说传承人—社会企业是从就业角度解决民间手工艺传承人自身的问题，那么社会企业—村落更倾向于从教育的角度确保民间手工艺的继续发展。当然，作为社会效益的必然延伸，村落这一维度也在一定程度上给社会企业带来了负担。

(三) 社会企业

从传承人—社会企业—村落这一互利共生的模式可以看出,社会企业由于兼顾了社会效益与经济效益,尽管从事商业开发,但却以最小化股东利益的方式回馈了传承人与村落。

社会企业介于传承人与村落之间,成为二者联系的重要桥梁,这一关键环节涉及到社会企业的企业家精神,这一精神得到传承人和村落的信任,整个开发模式才能良好的运转。从实际运作过程看,我们无法将社会企业家替代社会企业,但我们不应当忽视社会企业家精神在整个组织行为中的重要意义。采桑子文化艺术发展中心的创始人刘立军在游历欧洲艺术遗产博物馆时,意识到了保护与开发中国民间艺术的迫切性,从而雄心勃勃地为他的社会企业制定了四大原则:挖掘、整理、拯救苗族民间非物质文化遗产;帮助苗族妇女依靠传统技艺增收致富;通过增加收入,帮助苗族妇女提高家庭和社会地位;弘扬和传承民间艺术,让苗族民间艺术走出大山,走向世界。[1]

六、"一村一品"开发模式

(一) "一村一品"概念内涵

"一村一品"(One Village One Product),简单说来就是在一定区域范围(村)内,通常是以村落为最小社区单位,按照

---

[1] 毛良元:《传承人—社会企业—村落:民间手工艺保护与开发的新模式探索》,《美术赏析》2013年第2期。

市场需求及变化，充分挖掘当地的资源与传统优势，并通过标准化、品牌化以及市场化的建设，使一个村（或几个村）在经济社会的转型过程中能够拥有一个（或几个）市场潜力大且地方特色明显的主导产品和相关产业。

"一村一品"起源于日本大分县（Oita），这个位于日本西南部、九州东北部，且距离首都东京较远的地区，被誉为"九州的屋脊"。由于地形复杂以及政治因素的影响，这个县一度成为日本经济社会发展较为落后的地区。大分县的传统特色产品主要包括了葡萄、鲭鱼、城下鲽、鳗、和牛、温泉等，而传统手工技艺主要体现在别府竹细工、黄杨细工、小鹿田烧、汤之花等方面。[①]

平松守彦上任大分县知事后，针对当地村民不知如何发展的抱怨以及乡村社会的颓败景象，提出了"一村一品"运动。调动农民的自主自立精神和积极性，挖掘地区潜力，振兴适合本地区的产业。

(二) 我国的成功范例

这种发展模式逐渐为泰国和我国西南部地区接受并首先尝试，20世纪80年代后期，采用"一村一品"发展模式的，以大理、丽江为代表的滇西北民族民间工艺迅速发展起来。如今，滇西北民族民间工艺产业已逐渐形成了扎染、银铜器制作、木雕等几个具有代表性的工艺品类型。

大理州历史文化悠久，是云南文化发祥的最早地区之一，

[①] 邹沁园：《泰滇两地乡村手工艺"一村一品"开发研究》，云南大学2014年硕士论文。

以大理州为中心的滇西北地区是云南文化发展较早的重要区域，传统民族工艺文化资源极为丰富。尤其是大理石、扎染、木雕、银铜器手工艺是大理地区最富地方文化特色的传统民族工艺，具有上千年的发展历史。

大理周城的白族扎染历史悠久，是较早开始传统民族工艺开发探索的乡村，被文化部命名为"白族扎染艺术之乡"，整个村子大部分家庭都在从事扎染的手工艺，劳动力耗费较大的扎布工序，往往通过染布作坊或者是扎染企业下量到户，以家庭为单位分配相应的工作量，并以家庭为单位回收扎布。家家有手艺、户户是工厂、一村一业、一户一品，乡村手工艺"一村一品"的态与势，在大理地区已初步凸显。

与大理州相似的是，太行山地区的手工技艺往往分布在经济欠发达的县、乡，在这些地方，不仅有成片的农田，更散落着传统手工技艺。正是由于经济的不发达，这些地方还没有被现代都市的洪流完全裹挟，传统手工艺才得以完整的保存下来，这些技艺往往历史悠久，独具匠心，特点鲜明，有些甚至是非物质文化遗产的最重要组成部分。

第四章 河北太行山文化产业带的文化旅游发展概况及开发路径

第一节 文化旅游的概念和特征

一、文化旅游的概念

1991年,欧洲旅游与休闲教育协会(ATLAS)在参照了多种相关定义之后对文化旅游给出了它的定义,主要内容包括概念性定义(conceptualdefinition):人们为了获得和满足文化需求而离开自身日常居住地,前往文化景观所在地的非营利性活动;技术性定义(operationaldefinition):人们为了获得和满足文化需求而离开自身日常居住地,到文化吸引物所在地,如遗产遗迹、艺术与文化表演、艺术歌剧等的一切非营利性活动。[1] 国内学者马勇、舒伯阳认为文化旅游属运动范畴,是旅游的一种类型。它是以旅游文化为消费产品,旅游者用自己的审美情趣,通过艺术的审美和历史的回顾,得到全方位的精神上与文化上享受的一种旅游活动。它包括了历史文化旅游、建筑文化旅游、

---

[1] 肖宏、杨春宇、宋富娟:《文化旅游概念与模式研究现状分析》,《旅游纵览》2013年第9期。

宗教文化旅游、园林文化旅游、民俗文化旅游、饮食文化旅游等。① 虽然有关文化旅游到底是一种旅游产品、思维意识还是一种旅游类型有不同的说法和争议，笔者还是认同文化旅游更多地是作为一种旅游类型，在这个过程中会消费相关的旅游产品，也会感受和体察相应的文化资源，获得精神和身心上的愉悦和满足。

文化旅游在近些年兴起有其必然性。随着经济发展，人们生活水平和消费水平不断提高，旅游业也在慢慢转型，在结构升级的大背景下，旅游业不断提升自身服务水平，突破传统旅游产业的范畴，尽可能多地创造新的需求或者为旧有的需求注入新的活力。人们也越来越多地从过去走马观花似的纯粹观看、体察自然风光到现在对附着在旅游资源上的文化因素产生浓厚的兴趣。文化旅游也不是一个全新的名词，从产业的角度讲，是文化产业与旅游产业的融合。这种融合不是孤立地简单相加，而是一个整体，是文化与旅游的相互融合。文化是旅游的灵魂，为旅游注入新的生命力，文化属性成为提升旅游内涵质量的重要法宝，旅游本身也扩大了文化的传播消费。二者是有机结合，互为衬补的。在《十三五旅游发展规划》中也提到，"促进旅游与文化融合发展。培育以文物保护单位、博物馆、非物质文化遗产保护利用设施和实践活动为支撑的体验旅游、研学旅行和传统村落休闲旅游。扶持旅游与文化创意产品开发、数字文化产业相融合。发展文化演艺旅游，推动旅游实景演出发展，

---

① 马勇、舒伯阳：《区域旅游规划：理论、方法、案例》，南开大学出版社1999年版，第1页。

打造传统节庆旅游品牌。推动'多彩民族'文化旅游示范区建设,集中打造一批民族特色村镇。"

二、文化旅游的特征

(一)文化旅游兼具文化的传承性和创造性

传统的文化是在长期的历史发展中形成并保留在现实生活中具有相对稳定性的文化。中华文化源远流长,历经数千年的发展,留下了众多的文化历史遗产和财富,不论是古建筑、历史文物、遗址遗迹还是风俗习惯、宗教信仰都具有永恒的价值,对当地人们的生活方式、价值观念都产生了深远持久的影响,也是维系一个民族、地区发展的精神纽带,因此文化的传承性也是文化旅游中陶冶情操、感受历史文化的核心所在。河北省太行山地区的招牌之一是"壮美太行",无论是古代荆轲"风萧萧兮易水寒"的悲壮别离,还是抗日战争时期狼牙山五勇士英勇就义的壮举,都成为太行山地区独有的文化格调和文化吸引力。同时还要看到文化旅游的创造性,因为文化的继承并不是一成不变的,它要不断适应当今社会的发展,还要推陈出新,需要源源不断的创意和艺术灵感的迸发,同时,技术手段的日新月异给文化旅游带来了颠覆式的创新,技术推动成为旅游发展的重要推动力,诸如 VR 技术、MR 技术、全息技术等与旅游资源的结合可以给旅游者带来全新的体验和感受。文化旅游也不断与数字产业、互联网相结合,借助互联网平台提供旅游服务、行业监管、旅游产品销售等,在线旅游消费支出也成为重要的消费方式。

(二) 文化旅游兼具产业性和服务性

文化旅游作为旅游产业的一种类型,其产业化的运作是文化旅游规模发展的必然举措。文化旅游的发展需要以市场为导向,遵循市场规律,追求利润。根据产业链理论,从上游文化旅游资源的开发到旅游产品的生产设计再到下游的消费,需要各相关产业的配合以及众多企业的参与。也只有产业化的运作才能更好地实现资源的优化配置,提高效率,优势互补,产生"1+1>2"的协同作用。产业性也意味着需要标准化的生产、制作和加工,因为旅游产品是文化旅游中重要的一个环节,也是承载体。这就要涉及到大规模的复制,需要资金的投入,还要保证一定的生产量和生产效率。另一方面文化旅游产业属于服务行业,旅游者在其中的体验、感受都需要各方面的服务来支撑,文化旅游产业的衣、食、住、用、行、游、购、娱八大要素无一不体现出其服务性,优质舒适的服务可以给游客带来精神上的无尽满足。同时文化旅游又依托这八要素以实现良好的社会效益,最终才能实现最大的经济价值。[①]

(三) 文化旅游兼具地域性和异质性

文化是多样的,"一方水土养一方人",由于地理环境、历史文化、价值观念等多种因素的影响,不同地域的文化特色是极其鲜明的,开放进取的岭南文化、多元包容的海派文化、慷慨悲歌的燕赵文化等等。不同的地域文化独具特色和魅力。人

[①] 吴金霸:《荆州市旅游文化产业发展研究》,长江大学2012年硕士论文,第9页。

们离开日常居住地到其他地方进行文化旅游更多也是看中不同区域的异质文化,也只有鲜明的地域文化才可以给人带来精神上和感官上的冲击,带来的满足感和新奇感。旅游作为一种人类的活动,无论是活动本身还是人作为主体从中所体验到的生命旨趣和精神的愉悦,都旨在提升人的精神世界,追求生命的自由和生命的多彩,实现生命意义的回归,因此,旅游的精神价值和境界,就是人在自然中比照自己,在人创造的"自然"和景观中反照自己、反观自己。① 因此人们总是希望能够到不同的地方,感受不同的地域特色、风土人情、历史文化,这也是对已有认知范畴和感受范畴的一种补充和完善,当情操得到熏陶,感情得到升华时,还会是对自身的一种提升,甚至是塑造。

三、文化旅游开发的原则

(一) 因地制宜原则

文化旅游的发展要根据当地的情况,具体问题具体分析,无论是战略规划的制定还是景区的发展模式,无论是资源整合还是衣、食、住、行、游、购、娱的具体安排都要遵循因地制宜的原则。一方面要根据消费者的消费水平以及当地环境现有的基础和能力展开工作,既不能铺张浪费也不能草草建设,要在符合实际情况的基础上,经过周密的调研和分析,在大而全和小而美之间要做出选择,决不能四不像。另一方面文化旅游

---

① 李云涛:《文化旅游产业的理性反思》,黑龙江大学 2009 年硕士论文,第 9 页。

具有很强的地域性,不同的地域具有不同的特质,这些特质直接影响到旅游者的审美情趣和体验感受,也是直接关乎旅游者是否前来的关键因素,因此一定要将独特的观赏价值和艺术价值凸显出来,或者在原有的特色基础之上进行挖掘、提炼和总结,比如红色旅游就一定要主推红色文化,呈现当年的面貌,而不是鼓吹商业气息浓重的设施或者注入太多现代化的元素,唯有这样才能吸引消费者并满足其需求。

(二)系统性原则

文化旅游资源的开发是一项系统性的工程,系统整体必须有一个比较综合全面的规划和方向,子系统才能够依照整体的目标和方向来发展。从外部来说,文化旅游产业要与政治、经济、生态各个系统协同配合,文化旅游的发展不能破坏其他系统平衡,其他系统也要配合文化旅游产业的发展;从内部来说,文化旅游产业的各个分支要支撑文化旅游产业的整体发展,文化旅游产业作为一个整体也要给各个子系统提供支撑以及统筹规划,让在这个系统中的各个主体能够围绕着整体目标前进。

(三)保护与开发并重的原则

文化旅游产业在发展的过程当中一定要重视对于历史文化的保护,这些历史文化遗产可能是无形的,比如民俗、传说等,也可能是有形的遗址、景区景点等。在开发文化旅游资源的过程中也要保护好原有的历史文化遗产,不能边开发边破坏,也不能盲目开发,要在妥善保护的前提下进行开发和利用。另一方面在保护历史文化遗产的过程中可能会与社会经济建设的发展产生冲突，例如修路需要经过遗址保护区、居民盖房需要拆掉古民居等等，在面临这些问题的时候一定要妥善处置，多次论证，坚持两害相权取其轻，最大程度的保护历史文化遗产。当然我们也不能打着保护的幌子将各项历史文化遗产全面封闭起来，不与世人见面，这是一种矫枉过正。保护和开发这两项工作，哪一项都不可以偏废。

第二节 河北太行山文化产业带文化旅游资源概览

一、河北太行山地区历史悠久，文化旅游资源丰富

太行山是见证华夏历史的地理界山、中华名山。太行山地处中国地形三大阶梯上的第二阶梯，西面是黄土高原，东部是华北平原，形成了独特的地理风貌。美丽的自然风光和雄厚的文化底蕴相结合，赋予了太行山大量的文化旅游资源。

在浩瀚的历史长河中，太行山地区孕育了深厚的文化。太行山早在远古时期就有人类活动的足迹，女娲的传说流传甚广，演变成一系列的民间祭祀、节日节庆等活动。8000年的历史孕育了新石器早期的磁山文化，代表了北方旱作农业中的谷子文化，改写了世界粟作农业、家鸡驯养和核桃产地的历史，与南方的河姆渡文化齐名。历史上河北太行山段北接游牧民族，南面是丰沃的农耕文化，是不同的经济、政治、文化等交流和碰撞的地区，从战国时代就奠定了赵国、燕国两个国家的文化对这片土地的影响。邯郸是赵国都城，3000多年以来没有变更城市名称，"毛遂自荐"、"黄粱美梦"、"邯郸学步"、"围魏救赵"等历史典故和成语均出自这里，胡服骑射和将相和的故事

更是源远流长。西汉中山靖王刘胜及其妻窦绾的满城汉墓出土金缕玉衣、长信宫灯和错金博山炉等重要文物。"燕赵多慷慨悲歌之士"的歌颂与赞美,荆轲义别燕太子丹的故事传颂豪情与慷慨,太行英雄儿女的丰功伟绩被讴歌与传颂。这里还是指南针的故乡。河北太行山地区历来是兵家必争之地,被称为"冀晋通衢"的秦皇古驿道是连接京、冀、晋、陕、川的交通要道,公元前229年秦将王翦伐赵之战;公元前204年汉将韩信以少胜多的背水之战;公元756年唐将郭子仪、李光弼歼灭叛将史思明、平定安史之乱;公元1900年清将刘光才打响抵抗八国联军的庚子大战等战役都发生在这里。

二、河北太行山地区文化旅游资源种类丰富,艺术价值高

近代以来太行山区还成为了重要的红色革命地区,红色文化成为太行山地区文化旅游的一张名牌。抗日战争时期,邯郸的129师司令部、晋察冀军区司令部旧址、冉庄地道战等革命遗址,是共产党八路军在这里开展敌后工作,指挥战斗、学习、生活的地方。刘伯承、邓小平东渡黄河,挺进太行,艰难地创建晋冀鲁豫边区抗日根据地,指挥对敌作战,拉开了解放战争战略大决战的序幕。1940年11月,中国人民抗日军政大学由延安辗转迁址到邢台浆水,一批热血青年、民族精英从这里奔赴抗日前线。后又从邢台到西柏坡,西柏坡成为了中国革命的总指挥部,领袖们从西柏坡进京赶考,也为其烙上"新中国从这里走来"的深深烙印。[1]

---

[1] 王金平:《太行有一条红色文化血脉》,《邢台日报》2017年7月15日,第T2版。

从 7000 年前的磁山陶器到唐代的邢窑、宋代的定窑，太行山地区的陶瓷文化源远流长。墓葬文化众多，研究价值高，在太行山地区还有着独具特色的始祖文化、宗教文化、医药文化等。太行山地区因地处山区，众多的古村落、古镇被完整地保存下来，拥有众多的国家级历史文化名村名镇。

表 4-1　河北太行山文化旅游资源类型①

文化类型	典型景点
墓葬文化	清西陵、满城汉墓、中山王陵、北朝墓群
始祖文化	磁县仰韶文化、涉县蜗皇宫、邢台龙山文化、商周文化和秦汉文化遗址等
古都文化	邯郸赵都、邢台邢都、平山的中山都、易县的燕下都
红色文化	平山西柏坡、冉庄地道战遗址、129师司令部旧址、晋察冀军区司令部旧址、白求恩与柯棣华墓等
宗教文化	邯郸玉佛寺、邢台开元寺、邢台普彤寺、正定隆兴寺、赵县柏林禅寺、苍岩山福庆寺等
陶瓷文化	邢台邢窑遗址、邯郸观台窑址（磁州窑）、曲阳县涧磁村定窑、石家庄井陉窑等
医药文化	河北安国的东方药城、药王庙、中草药种植园等
古村落文化	井陉石头村、井陉天长镇、邢台英谈村、永年县广府镇等

资料来源：作者根据公开资料整理

---

① 张新斌：《太行山的文化定位与开发的战略思考》，《中原文化研究》2013年第1期。

三、河北太行山地区文化旅游资源分布广泛，区域特色明显

从太行山北段到南麓，从高山之巅再到山前平原，不同地域的文化旅游资源有着明显的区分和当地特色，南部靠近历史上的中原地带，北方则靠近历史上以北京为中心的明清文化。在民居的建设上，保留至今的也多为明清风格的建筑。整体来看太行山地区文化资源分布广泛，深山区的古村落，群山连绵中的地质公园，星罗棋布的红色遗址。太行山地区现有世界文化遗产1处、世界地质公园1处、中国优秀旅游城市4座、国家级森林公园12个、国家级风景名胜区5处、国家级历史文化名城2座、国家级历史文化名镇名村12个、3A级以上旅游景区43处，文物保护单位近百家。[1]

第三节 河北太行山文化产业带发展文化旅游存在的问题

河北太行山地区文化旅游资源丰富，但是文化旅游的发展却不尽如人意，由于太行山横跨京、晋、冀、豫三省一市，其旅游资源也正在转变为周边行政区划争相开发利用的焦点，致使旅游资源出现无序开发和旅游品牌割裂现象，面临着"环境恶化、文化断层、生活贫困"等巨大挑战。从区域发展来看，河北是太行山所横跨的三省一市中面积最大、人口最多、涉及县市区最多的地区，太行山是河北省改善民生及未来旅游业发

---

[1] 孙振杰、高宏、刘丽华：《河北太行山区旅游协作发展的策略研究》，《中国西部科技》2011年第9期。

展的重要片区,因此要抓住当前旅游大发展的机遇,打响河北太行山旅游品牌,推动河北太行山旅游业的优化升级。①

一、文化旅游资源挖掘和开发不到位

河北太行山地区是整个太行山中重要的一段,随着经济的发展和人们对文化旅游的需求上升,河北太行山地区通过发展文化旅游对经济的贡献也在增加。因为拥有西柏坡这样的知名红色革命圣地,因此也形成了一定的品牌效应。我们必须看到虽然太行山文化旅游资源丰富,但是对其挖掘、开发和利用远远不够。因为文化旅游不只是走马观花式的游览,而是更为深度的旅游,旅游者需要深入感受当地的历史文化、民俗民情,得到一种情感上或者精神上的冲击或者熏陶,只有一个干巴巴的景区或者景点是很难全面地展现其文化内涵的。太行山地区燕赵文化、宗教文化、红色文化、边关文化、民俗文化等资源众多,但是目前对这些资源的开发与传播,主要靠景区标牌的介绍,变现水平低,能够为当地居民或地方财政创造经济价值的很少。

目前,河北太行山地区以文化资源主打的景区,很多只能单纯地依靠门票收入,文化旅游的附加值也无从体现,比如清西陵,主要依靠门票收入,附属产品的开发少之又少,景区内的祭祀大典表演,内容粗糙,上座率有限。涞水的野三坡景区的"印象野三坡",观众上座率不错,但是该演出的门票是和

---

① 刘亮亮:《河北省太行山区的空间透视与旅游开发研究》,《经营者管理》2015年第30期。

百里峡门票套在一起卖的，游客买门票的同时赠送演出门票，相当于半赠送的性质。红色革命文化是西柏坡十分突出的文化旅游资源，但是现在旅游者能够看到的只有遗址或者纪念馆等几个单一的旅游产品，很难在旅行过程中真正地感受到曾经革命年代的风风雨雨和英雄主义精神。满城汉墓虽然是4A级景区，但是也主要依靠门票收入，偌大的景区内，中山靖王刘胜和其妻子窦绾的墓穴是主要的参观项目，景点单一，没有开发出其他的景点项目，没有标志性的建筑物，也没有结合汉文化打造相应的实景演出等。事实上满城汉墓出土文物创多项全国之最，4枚金针、5枚银针、"医工盆"，以及小型银漏斗、铜药匙、药量、铜质外科手术刀等组成了迄今发掘出土的质地最好、时代最早、保存最完整的一整套西汉时期医疗器具；计时器铜漏壶是迄今出土的年代最早的一个古代天文学器物；一个由石磨和大型铜漏斗组成的铜、石复合磨，是我国至今所见体积最大、时代最早、设计科学、构思奇妙的铜石复合粮食加工工具；500多件兵器中，有我国最早采用刃部淬火新工艺的铁剑，而刘胜的铁铠甲，也是迄今考古发掘中所见到的保存最完整的西汉铁甲；一件玻璃盘和两件玻璃耳杯是迄今考古发现最早的国产玻璃容器。目前在河北省博物院有专门的"大汉绝唱——满城汉墓"展厅，满城汉墓景区内却没有相应的展馆等来介绍这独有的汉文化，尤其是其中的医疗文化、天文文化、墓葬文化。除了两座墓穴之外满城汉墓景区剩下整个山包都没有深入的开发，像一座普通的公园一般，山上虽然较多地种植了柿子树，但是并没有对其进行开发，像相关的柿子采摘、农业休闲或者餐饮都没有涉及，实属一种浪费。满城汉墓景区周围长长的商业街建筑虽然是仿古的建筑，但是没有对独特的文化历史资源合理利用，因此经营也乏善可陈。

国家历史文化名城邯郸是中华文明的重要发祥地之一，从新石器时代的磁山文化算起，邯郸已有7000多年的文明史。经历长期的发展，到春秋战国时期邯郸成为赵国的都城，是我国北方的政治、经济、文化中心。至今，邯郸已经有3000多年的都城史。秦统一六国之后，邯郸是天下三十六郡之一，到东汉末年，曹魏在邯郸南部的邺城建都；北宋年间，邯郸东部的大名成为北宋都城汴梁的陪都；抗战时期邯郸是八路军129师司令部和晋冀鲁豫边区政府所在地。[①] 邯郸可以说拥有着深厚的成语文化、北齐文化、曹魏文化、红色文化、太极文化、磁州文化等等历史文化。但是这些文化很多都只是流传着，没有实体的载体去承载，比如说赵王城目前东城、西城、北城三个小城组成，占地500多平方米，但是真正的遗址都只剩下一些夯土堆，对于遗址的重建或者是新的建筑的开发都没有提上日程，目前赵王城也只是一个普通的遗址公园，没有什么标志性的建筑或者文化体验设施等，整体上看，河北太行山的文化历史资源的开发还停留在浅层次上。

二、配套设施不完善，缺乏整体规划

河北太行山地区因其历史和地理环境很多地方还是贫困地区，也是国家打好扶贫攻坚战的重要地区。经济发展水平制约

[①] 梁小翠、罗静：《基于SWOT分析的邯郸文化旅游可持续发展研究》，《山西师范大学学报》2010年第3期。

第四章　河北太行山文化产业带的文化旅游发展概况及开发路径

了文化旅游的发展，一个突出的表现就是与文化旅游相关的配套设施还不健全，一方面是基础设施的建设，与旅游配套的交通、住宿、餐饮等设施还没有健全，河北太行山区的很多景区因地处山区，主要以公路为主，铁路都没有，很多山区的道路十分狭窄且很陡峭，交通建设落后，停车场建设亟待改善，农村的道路建设还任重而道远；很多农家乐住宿条件较差，供水供电、客房、厨房、餐厅、厕所、垃圾处理以及应急救援设施还不完善。以井陉锦山自然生态风景区的发展为例，该风景区是太行山区最大的原生态自然风景区，以碧湖、茂林、奇峰"三绝"闻名，奇、秀、雄并存，幽、静、险齐聚。属于典型的砂岩地貌，与以往常见的石灰岩地貌大有不同。从这些红色的砂岩上可以看到 20 多亿年以前，锦山一带的环境沿着陆地——海洋——陆地这一路线变迁的过程，可以看到变迁过程中地下岩浆活动、火山喷发、海洋沉积、风化剥蚀、地壳变动等各种地质作用所留下的痕迹。在这里可以品读历史沧桑，亲身体验"一步跨越十亿年"的神奇感受。山中的山神庙、观音庙、土地庙以及岩彩壁画都极具欣赏价值，另外锦山碧湖绵延 20 公里，面积 66 平方公里，库容量 1 亿立方米，投资 41.2 亿元的全国重点水利工程张河湾抽水蓄能电站是其标志性建筑工程，素有"太行天池"之称，水库能容纳 800 万立方米。在我们 2017 年去调研的时候，锦山生态风景区已经完全破败，景区已经无人管理，锦山碧湖也只剩下一艘破旧的邮轮，尤其是经历了 2016 年的洪水之后，连接景区与道路的桥梁被冲垮，再加上去往锦山风景区的道路以狭窄的山路为主，交通条件极为不便。

另一方面，对于景区的规划和维护尚落后于现在的平均水平，景区脏乱差现象还很多，有些景区门票高昂，乱收费现象严重，景区外没有布局商业街或者购物场所，景区附近小摊小贩拥堵不堪，碰上节假日高峰，场面更是混乱。而且很多景区还地处广大的农村地区，光是厕所这一项就让很多游客望而却步，现有的设施很少与当地的历史文化结合，大多是一些游乐设施，很难与景区的历史文化挂钩，整体而言缺少统一的规划。

三、宣传力度小，品牌辨识度低

文化是一种潜在的旅游产品，旅游文化品牌建设即是将文化的内涵价值挖掘、转化为现实的旅游产品，并以良好的口碑和形象适应和影响市场，创造市场竞争优势，在旅游产品同质化程度越来越高的背景下，旅游文化品牌建设是提升旅游产品文化附加值和市场竞争力的有效途径。[1] 传媒是聚光灯也是放大器，在全国文化旅游兴起的过程中，要抢占先机，适时的对区域文化旅游品牌进行宣传和推广。但是河北太行山地区的文化旅游品牌，很多都只局限于一城一地，对于全国来说知名度和美誉度都远远不够，尤其是在当今互联网时代，传播不够的话就很难被大众所熟知，没有知晓就不会有决策也不会有行动。由于缺乏宣传，以至于人们想起太行山还是贫穷、落后的刻板印象。酒香也怕巷子深，宣传不到位，再有历史价值、文化价值的资源也无法转变成旅游竞争力。

---

[1] 曾妮娜：《浅议文化品牌的建设》，《旅游市场》2011年第3期。

以太行山地区的古村落文化旅游开发为例，太行山地区拥有众多的国家历史文化名镇名村，这些村落很多都身处太行山腹地，保存完好，有着别具一格的风格和样貌。比如邢台市邢台县英谈村是中国目前发现保存最完好的古石寨，距今已有600年的历史，黄巢起义军曾把这里作为营盘，目前保留完好的是经典的明清建筑群，该村的174座居民住宅全部由青红两种沙石岩建成，古寨落于"一墙四门"内，村子周围有2000米的石城墙，村内有大小石孔桥36座，还有古石楼、窑洞、古石栏杆、石巷、龟背石壁、古井、古木雕刻等。除此之外，该村还有八路军总部、冀南银行、印刷厂旧址等近代遗迹，无论是感受明清建筑还是体验太行山古朴的文化底蕴和民俗风情都是绝佳的文化旅游地点，但是因为宣传的不到位，不论是其明清的建筑还是近代的历史文化都没成为一张响当当的招牌，更别说文化吸引力了，像这样独具特色的古村落、古镇大大小小的散落在太行山深处，这些古村落、古镇极具历史价值、观赏价值以及文化价值，但是知名度远远没有打出去，在宣传上投资较少，因此也很难被广大受众认可。

再比如石家庄井陉的苍岩山景区，苍岩山是中国历史文化名山，有着"五岳奇秀揽一山，太行群峰唯苍岩"的美誉，而且苍岩山除了群山巍峨，怪石嶙峋，深涧幽谷，古树名木之外还有着源远流长的历史文化，这里相传是隋炀帝女儿南阳公主削发为尼的地方，而且苍岩山还是很多著名影视剧的取景地，包括奥斯卡影片《卧虎藏龙》中玉玲珑纵身跳崖的"桥殿飞虹"、《西游记》中唐僧幼时用柴换鱼拾阶而上的寺院外景、《木乃伊3》中女巫紫嫒居住地以及《剑蝶》中大量使用苍岩山的风光，这些丰富的资源苍岩山景区都没有进行大规模宣传或者精心包装打造作为一张名片向外推广，因此知晓这些细节的人也就寥寥无几，也就难以发挥影视剧拍摄地对游客的吸引。

四、政策支持落实不到位

文化旅游产业的发展，需要政策的强力支持，随着"十三五"推进文化产业以及有关旅游产业发展的各项政策法规的出台，河北省在推动文化旅游产业的发展方面也出台了多项政策，如河北省人民政府《关于促进旅游业改革发展的实施意见》、河北省文化厅、旅游局出台《关于促进文化与旅游融合发展的指导意见》、石家庄市政府办公厅印发的《关于加快我市太行山地区旅游业发展的实施意见》，但是这些政策在推行和落实的过程中很多都难以到位，比如《关于促进旅游业改革发展的实施意见》中提到"在具备条件的旅游景区探索建立所有权归国家所有、行政管理权由景区管理机构负责、经营权由企业承担的管理运行模式。按照责权一致、依法下放、能放即放的原则，加强对景区的综合执法能力建设，加大协调服务力度。整合区域内旅游资源，引进战略投资者和专业管理团队，发展混合所有制旅游企业和大型企业集团，建立市场化的投融资机制，实现景区运营规范化、市场化、资本化"。但是目前大多数景区没有一个统一的常设机构或者组织打破部门之间的阻碍专门针对文化旅游的发展来统一协调和统筹，没有为文化旅游的发展开辟出一条绿色通道，文化企业想要融资、投资手续重重，更不要说景区的市场化和规范化了。

五、文化旅游资源保护力度不够

发展文化旅游产业，文化内涵是其重要的灵魂，区域的历史文化是进行文化旅游开发的前提，但是河北太行山地区在发展文化旅游业的过程中并没有对文化旅游资源的保护加大力度，尤其是随着现代化进程的加快，工业快速发展，城镇迅速扩张，原有的历史古建古迹常常遭到破坏，一些小的景点也面临着被城市建设扩张而吞没的威胁。以河北太行山地区的中国历史文化名镇、名村保护为例，尽管太行山地区拥有众多的古镇、名镇，但是很多处于经济发展水平较差的山区，甚至是贫困地区，文物保护常常要让步于经济发展或者根本无力保护，井陉县小龙窝村的龙窝寺正遭遇这种状况。清雍正《井陉县志》记载"龙窝，在县西南二十里。石壁峭立，古柏崖生；梵宇楼台，颇为可观。传神龙断路，货郎仗剑斩之。至隆庆间，大雨冲出枯骨一窖，约数百斤许。"当年的龙窝寺规模较大，寺前西南、东北两端各建有楼阁，阁下即为燕晋往来大道。龙窝寺则建于两阁间古道西临石崖处，旧有大殿、配殿及僧舍等建筑，但是后因修建公路及拓宽，寺院被拆毁无存，唯余崖壁上大小不一的摩崖石刻。一个极具历史文化价值的寺庙让位给了公路的修建，而没有为保护历史文化遗产而绕路或者做其他妥善的保护，数百年的历史承载物就这样消失了。井陉县大梁江村因全部用青石和卵石铺成而闻名，大梁村的党支书梁顺义告诉记者，这些石头建筑房屋大部分都没住人，很容易老化坍塌，村集体经济无力实现保护修缮，急需有眼光的投资商注入资金管理。石家庄市文物局人士表示，大梁江村的古建筑年久失修需抓紧抢修、保存完好古风古貌。[1]

积淀数千年的历史文化最需要的就是传承下去，但是很多地区对历史文化的传承却不够重视，尤其是在年轻人对历史文化的了解和普及教育上没有下足够多的功夫，很多年轻人对当地的文化不了解，不感兴趣，随着时间的流逝更谈不上如何热爱和保护当地文化。除此之外，在保护当地历史文化力度不够之外，还常常因为急功近利或者盲目开发而对文化旅游资源产生毁灭性的打击，一些景区的"掠夺式开发"过程中，没有合理的保护当地历史文化，一味地追求经济效益和商业效应，千篇一律地去建设开发，使得很多景区失去了原有的样貌和格调，这些都严重制约了太行山地区文化旅游产业的发展。

第四节 河北太行山文化产业带文化旅游资源整合的路径

文化是旅游的灵魂，旅游是文化的重要载体。河北省太行山地区有着丰富的文化旅游资源，但是并没有对这些资源进行深入的挖掘，抢救性保护工作做得较差，很多资源都面临着破坏、消失等窘境，再加上该地区经济发展水平较低，尤其第三产业发展缓慢，在涉及到发展文化旅游所需要的基础设施、公共服务等跟不上，且山区众多的地理形态，长年以来交通条件较差，局限了该地文化旅游的发展。2009年8月，文化部、国

---

[1] 《中国历史文化名村井陉县大梁江村呼唤投资商》, http://roll.sohu.com/20120128/n333061652.shtml, 2012.1.28

家旅游局联合出台的《关于加快文化与旅游结合发展实施意见》对文化与旅游的融合提供了政策支持。2011年12月河北省文化厅、旅游局出台《关于促进文化与旅游融合发展的指导意见》，提出要"建立文化部门与旅游部门协作配合长效工作机制，进一步加强对文化旅游融合工作的领导。要制定规划，加强政策扶持和宏观指导，要打造文化旅游精品，培育精品品牌。要遵循文化产业和旅游产业发展的客观规律，坚持有效保护、合理利用、自觉传承，不断提高文化旅游发展的科学化水平。"再加上京津冀协同发展战略提出，河北太行山地区将迎来新的机遇。2015年11月，河北全长680公里的太行山高速公路开始建设，自北向南贯穿太行山区全境。北连北京门头沟，起自张家口市涿鹿县，途经17个区县，辐射太行山36个区县。太行山高速公路的建设，解决了太行山区发展文化旅游的交通难题，这都为河北省太行山地区文化旅游的发展提供了支撑。

一、以整体规划带动资源整合，促进文化旅游的有序发展

文化旅游产业的发展绝不是单打独斗、各自为阵，只有按照一定的规划，形成协同或者集聚效应才可以从整体上增强竞争力和影响力。大景区不能独自发展，要兼顾周边小景区的发展，使其形成"众星拱月"之势，才可以互相补充。相似的小景区要学会"合并同类项"，形成规模效应。在文化旅游资源开发的过程中要保护历史文化资源，对文物古迹进行排查、修复，对于无序的乱拆乱建要予以打击，要请有关专家学者在考察后进行整体的规划和安排，形成合理的格局。各级政府要打破各自为政的局面，畅通渠道，协同合作，深入挖掘文化旅游资源。

（一）进行点、线、面的整合

河北太行山文化旅游的发展过程中要遵循景观延续性、文化完整性、市场品牌性和产业集聚性的原则，依托线性的河、山、公路等自然文化廊道和交通通道，串联重点旅游城市和特色旅游功能区。根据点轴理论，文化旅游规划要对整体区域进行点、线、面的整合。面对京津冀大市场，河北太行山地区的京西百渡度假区采取点面结合方式，首先打响核心景区品牌，如野三坡、白石山、易水湖、狼牙山、清西陵等知名景区，其次依托核心景区布局了特色小镇、休闲街区，如依托野三坡景区建设了百里峡艺术小镇、四季圣诞小镇，在易水湖附近建设了恋乡·太行水镇、易文化商业街，在白石山附近建设了莲花峰度假小镇，深入开发文化旅游资源。[①] 再以太行山地区的红色旅游开发为例，从北向南，保定市阜平县城南庄晋察冀军区司令部旧址、易县狼牙山五壮士塔、安新县白洋淀景区、清苑县冉庄地道战遗址、唐县白求恩柯棣华纪念馆再到石家庄市平山县西柏坡纪念馆、中共中央旧址，由这些点串成了一条红色革命旅游的精品路线。在打造旅游路线的同时可以结合建党、建军、建立新中国和重要历史事件等重大纪念日，组织系列宣传推广活动。推动大中小学生社会实践活动与红色旅游相结合，依托红色旅游景区组织参观活动，接受红色教育。这条红色革命旅游路线上的每一个点都是相对有名的景点景区，在开发的

---

① 李志刚：《京西百渡：串珠成链　整体打造》，《中国旅游报》2017年2月1日，第3版。

过程中要发挥这些红色资源丰富的"点"的集聚作用,除了注重"点"与"点"之间的连接,还要重视大的"点"扩散到小的"点",整合周边的传统文化、特色乡村等旅游资源,完善基础设施和服务设施,打造精品项目,"抱团取暖"。河北太行山地区历史文化主题旅游路线、太行古村落民俗风情路线、宗教文化旅游路线等的规划都可以沿着此思路进行和落实。

(二) 实施整体战略规划

在文化旅游资源的整合上要整体规划,还要突出某一文化资源的主打作用,亦或是红色文化、宗教文化亦或是历史文化、民俗文化等等。石家庄市井陉天成镇宋古城是国家历史文化名镇,但是其历史文化旅游资源的挖掘和开发远不如周庄、乌镇等知名的国家历史文化名镇,周庄以文化立镇,通过兴建周庄昆山文化创意产业园、打造《四季周庄》实景演出,展现底蕴深厚的江南水乡风光和传统文化,投资保护和发展传统的昆曲艺术,兴建昆曲古戏台,兴建画家村,还举办一年一度的"中国周庄国际旅游节",[①] 打造了一个典型的江南水乡小镇,以江南文化为主打牌进行统一的战略规划,对文化旅游资源的整合和挖掘。天长宋古城在战略规划和资源挖掘方面可以借鉴周庄的经验,主打古城历史文化,对于天长宋古城应该成立相应的开发机构,进行统一组织、协调宋古城保护开发工作,要有整体规划意识,作为一处完整的古城来开发和建设。对天长宋古城的的古城墙、城门、街巷等进行保护和修复,对古朴的民居

---

① 卞显红:《江浙古镇保护与旅游开发模式比较》,《城市问题》2012年第12期。

进行保护，尤其是完整的明清建筑王家宅院，对于城隍庙、文庙、衙门、皆山书院、井陉窑等主要古迹也要进行重点维护。除了对历史文化遗迹进行开发保护以外还要对于周边的交通、住宿、餐饮进行规划和建设，对于护城河的保护和绿化也要提上日程，要清理古城的垃圾，加大绿化力度，使古城周边呈现较好的面貌。在此基础上充分挖掘古城的古文化、德文化、民俗文化等内涵，着力将天长宋古城建成以历史文化为内核、古城保护与可持续旅游融合发展的历史文化名城。同时还要注意要与山西的王家大院、乔家大院等景区景点区隔开来，宋古城不仅拥有王家宅院，它还是一个整体的古城，具有城隍庙、文庙、衙门等古代县城的规格，要突出其特色和与众不同之处，弘扬古城的历史和文化，增强文化旅游的吸引力。

二、以核心产业整合外围产业，推动文化旅游产业有序发展

文化旅游产业的发展不是孤立进行的，需要众多外围产业的配合。文化旅游产业的核心产业主要指旅游景区景点、遗址遗迹、博物馆纪念馆等集中展现地区文化风貌的设施。外围产业是为核心产业提供支撑的各项服务、资金、技术等，包括交通运输、住宿餐饮、娱乐休闲等行业。核心产业与外围产业更多的是一种协同关系，核心产业与外围产业是旅游产业链中不同的子系统，它们相互作用，相互影响，当他们按照一定的原则、一定的路径形成合力时便可以构建稳定的结构，产生较大的整体效益和整体功能。核心产业和外围产业通过协作，共享一定的资源或者进行业务合作，都可以提高整体的竞争力，实现整体产业的有序发展。

第四章 河北太行山文化产业带的文化旅游发展概况及开发路径

(一) 借助文化旅游产业,发展太行山特色餐饮

太行山地区有其独特的餐饮特色,要弘扬当地的餐饮文化,随着时代的发展不断推出特色菜品,还要深入挖掘历史文献记载的民间传统小吃,在餐饮区的建设上也要突出特色,比如,红色革命地区的美食要追寻历史的足迹,挖掘当年的菜品,在饮食中品味红色文化,在餐饮区的建设上可以主推复古形态,仿照革命老区曾经的面貌设计,或者设置红色文化墙等,营造相应的氛围。山区文化旅游可以在餐饮上主推山区野味,以及根据当地特色物产设计的美食。还要不断促进民间烹饪技术的创新和交流,逐渐形成有竞争力的餐饮品牌和企业集团。

(二) 借助文化旅游,构建新型民宿

太行山地区贫困地区众多,要借助文化旅游的发展,结合当地实际情况改变面貌的同时还要构建新型的住宿行业,改变传统的"脏、乱、差"形象。要合理控制高星级酒店的规模,支持经济型酒店的发展,可以根据当地的文化特色建设相应的主题酒店,诸如古堡似的酒店、明清建筑风格酒店等。发展到一定阶段后可以进行连锁化经营,要吸引大的集团进入,进行集团化运营。同时还要借助互联网,实现网上预订、支付、评价等一站式服务。以"智慧旅游"为核心的涞源县游客咨询服务中心,依托涞源全域智慧旅游云系统,将带领游客尽享"智慧旅游"带来的便利,WIFI、电子导游、全县景区信息实时分享、食宿在线预订等服务一应俱全。[1]

---

[1] 《首届省旅游产业发展大会开幕在即 带您实地体验"智慧旅游"》,河北新闻网,http://hebei.hebnews.cn/2016-09/22/content_ 5864500.htm,2016-9-22

(三) 依托文化旅游，推动太行山购物旅游

太行山地区有众多的传统手工技艺，诸如曲阳石雕、易水砚、高粱秸秆工艺品、沙河豆面印花等。要大力实施旅游商品品牌建设工程，不断提升文化旅游商品创意设计，还要加大太行山地区特色商品购物区建设，提供在线支付、物流等服务，要注意在购物区的建设过程中避免千篇一律，要少而精，注重当地的特色，合理规划，有序建设，在商品的价格设置上要合理，在商品质量上要严格把关，遏制过度商业化。

(四) 依托文化旅游，推动娱乐休闲业健康发展

文化旅游不仅是游山玩水，还需要旅游者沉浸其中，感受当地的文化特色，发展娱乐休闲业正好满足了游客在观赏风景之余的娱乐性和互动性需求。野三坡风景区目前建设了色彩主题的艺术小镇——"七彩小镇"，围绕"艺术化的新业态""艺术化的新形象""唯美的香雪情节""温暖人心的老故事"四个主题，首先在色彩上突出艺术风格，运用"赤橙黄绿青蓝紫"七色作为色彩创作的基础，并以壁画点缀，实现色彩、当代艺术和美丽乡村的结合。在内涵上突出美食、民俗、香雪等文化符号，注入滨水酒吧街、舌尖上的中国美食街、台湾民俗街、香雪咖啡屋、香雪广场、王宝义纪念馆等文化业态，满足游客休闲、度假、体验等多重需求。[①] 河北太行山地区非物质文化遗产、民俗风情、手工技艺等资源丰富。可以推广景区与剧场、

---

① 《全国唯一色彩主题艺术小镇，保定要火了》，燕赵都市报，http://www.sohu.com/a/114875321_394016，2016-9-22。

景区与演艺、景区与主题公园、景区与文化园等相结合的模式，增强文化旅游的趣味性和互动性。如太行山地区的燕子古乐、井陉拉花、易县摆字龙灯、武安傩戏、磁县坠子、磁州窑烧制技艺、定瓷传统烧制技艺等都可以与文化旅游产业相结合。譬如太行地区有丰富的陶瓷文化，可以打造陶瓷风情小镇，陶瓷文化主题电影院、建立陶瓷建筑群以及陶瓷技艺工坊等，让人们切身实地感受陶瓷艺术品的加工和制作。

（五）依托文化旅游，优化旅行社业

旅行社是文化旅游中连接景区和旅游者的重要中介机构，旅行社的无序发展直接影响文化旅游的品牌形象，因此太行山地区在发展文化旅游时要合理引导旅行社的发展，支持有实力的旅行社跨地区设立分支机构，支持旅行社集团化运作。

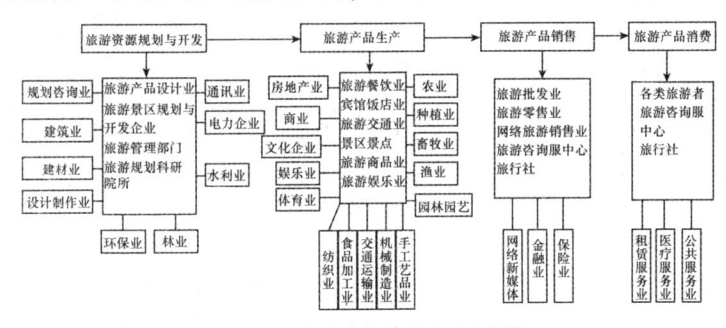

图4-1　旅游产业链基本形态图①

上面提到的只是外围行业的一小部分，总体而言，在发展核心产业的同时要协同发展外围产业，这些产业直接影响到核心产业的有序长远发展，只有二者协同配合才能取得双赢甚至

---

① 栗悦：《基于融合视角下的桂林市文化旅游产业发展研究》，广西师范大学2014年硕士论文，第11页。

多赢的局面。

三、以大景区整合分散文化旅游资源，实现文化旅游产业集群化发展

大景区是指文化内涵浓厚、规模较大、级别较高（一般4A以上）的景区，一般包括世界文化遗产、国家4A级以上景区等，借助大景区的静态效果来对分散文化旅游资源进行移植整合，实现文化旅游产业集群化发展是可行的思路。[①] 根据产业集群理论，文化旅游产业的集群化是文化旅游发展到一定程度在特定的空间内聚集各种生产要素集约化发展，集聚的企业、景区之间都是从事文化旅游产业或者相关的产业，各个企业或者景区密切联系，紧密合作。大景区知名度高，景区建设相对完善，游客承载能力高，外围的交通、住宿、餐饮等也形成了一定的规模，聚拢资源相对容易，可以利用大景区的优势向外辐射，整合分散的文化旅游资源，带动周边文化旅游发展的同时促进并实现文化旅游产业集群化发展。

首先，集群化发展可以降低交易成本。在文化旅游产业内部，各个企业之间或者具有相似性或者是上下游关系，他们可以共享信息，互通有无，畅通信息渠道，他们之间甚至可以建立一个信息中心，收集、筛选、分析相关文化旅游的各项信息，帮助他们更好地做出决策，明确文化旅游发展的方向、目标等等。与此同时在文化旅游产业集群内部的各企业，一般都会具

---

① 常月亲：《山西省文化旅游产业资源整合发展研究》，山西财经大学2011年硕士论文，第46页。

第四章 河北太行山文化产业带的文化旅游发展概况及开发路径

有比较相近的文化背景和比较相似的思维范式，从而导致社会关系和行为准则比较一致，因此能够大幅降低企业之间的交易成本。随着企业之间合作的不断增进，这些参与主体的心理认识作用更加深刻，互动行为更加频繁，集群内部成员之间关系将逐步稳定和成熟，偏好机会主义行为的创意企业会因为逐步淘汰和提供警示而减少。①

其次，文化旅游产业集群化发展能够使得各个文化旅游企业、景区等作为一个整体提升竞争力。一个企业或者一个景区的力量是弱小的，单一的景区也很难吸引来大量的游客，而集群化发展可以降低进入文化旅游行业的壁垒，也可以提升议价的能力，一个景区如果受限于距离对于很多游客来说就不太值得去，而多个景区联合起来对外推广，通过销售通票等形式大大增加对游客的吸引力，景区联合还可以使得大景区带动小景区，缩小景区之间的差距。以西柏坡为例，西柏坡是新中国的摇篮，作为著名的红色革命圣地，知名度较高，是较大的景区，同时还要集聚西柏坡周边的旅游资源，聚拢小的景区，推出复合型的旅游产品，形成覆盖更加全面、内涵更加丰富、特色更加鲜明的景区体系。首先，中山国遗址经过20世纪70年代的发掘，现存有宫殿区、居民区、陶器场、冶炼场、遗址十多处，出土文物19000余件，包括三大世界之最和四项中国之最，中山王墓保存较为完好。郭沫若称中山是个"艺术王国"，中山三器、双翼神兽、四龙四凤铜方案等精美文物都代表了战国时

---

① 鲍枫：《中国文化创意产业集群发展研究》，吉林大学2013年博士论文，第79页。

代工艺的最高水平,是欣赏和感受战国中山国文化的重要景点,其次,平山冶河之畔东方巨龟苑景区,包括了为庆祝中共中央及解放军总部移驻西柏坡及华北人民政府移驻东冶村,纪念毛泽东、朱德、周恩来等老一辈无产阶级革命家的丰功伟绩而建的庆祝纪念碑;拥有600多尊人物雕像、千米历史浮雕及万行史诗的华夏历史园林等景点,还有温塘镇的白鹿温泉、西苑温泉、西柏坡滑雪场等景点,这些遗址、景点联合西柏坡形成了西柏坡旅游环线,在品味红色旅游的同时还可以感受平山县别样的历史以及温泉文化等。另一方面,各个企业分工和联系可能也不同,比如有的景区是以观赏为主的,有的体验馆是主打互动的,演艺表演是积攒人气。不同类型景区可以成为一张综合的名牌。只有集群发展才能优势互补,增强整体的竞争力。

最后,文化旅游产业集群有助于协同创新。文化旅游无论是在游览路线的规划、旅游产品的设计、旅游服务的升级等等方面都需要不断进行创新以适应时代的变迁和应对激烈的竞争,尤其是随着技术的发展,智慧旅游成为新样态,这就不断促使着各个景区、文化旅游的相关企业不断创新和发展。京西百渡休闲度假区位于保定市西北部,与北京房山区比邻,包括涞水、易县、涞源三县,该区域历史文脉深远,文化旅游资源丰富,京西百渡休闲度假区建立了高效的推进机制,采取点面结合方式,将核心景区、特色小镇等串珠成链、整体打造,是河北省重点打造的旅游产业聚集区之一,也是环首都旅游圈和太行山旅游带的重要组成部分。三县同时入围国家旅游局确定的首批"国家全域旅游示范区"创建单位名单。三县文化旅游产业集群化发展之后,特别重视整个京西百渡休闲度假区的各项创新,尤其是在发展智慧旅游方面加大投入和创新,打造全域智慧旅游云系统。野三坡建成智慧景区运营中心,整个运营中心承担了野三坡500平方公里景区范围内的实时监控、信息采集、信息共享等功能,从景区管理、服务游客、数字营销、模拟旅游等角度为游客提供全方位的智慧服务,一部手机可以实现"玩遍三坡,吃遍三坡,看遍三坡,走遍三坡"的所有想法。[①]

四、以整合营销推动品牌营销和传播,打造区域文化旅游品牌

  文化旅游产业发展需要塑造品牌,品牌是一种无形的资产,也是与其他产品区隔开来的辨识器,区域文化旅游品牌反映了旅游者对一定区域内文化旅游情况的认知和评价。只有塑造品牌才可以在旅游者心中根植一种相对固定的形象,直接影响到文化旅游产业附加价值的变现。当品牌深入人心之后,便会使得旅游者形成一定的忠诚和信任,为文化旅游景区或者相关企业的发展和扩张积累了相应的资本。整合营销(Integrated Marketing)是一种对各种营销工具和手段的系统化结合,根据环境进行即时性的动态修正,以使交换双方在交互中实现价值增值的营销理念与方法。整合就是把各个独立地营销综合成一个整体,以产生协同效应。文化旅游产业在宣传和推广中也要借助整合营销的手段和方法,运用多种营销工具,如电视、微信、网站、宣传册、海报、导游讲解、门票、游客服务中心、标志

  [①] 《首届省旅游产业发展大会开幕在即 带您实地体验"智慧旅游"》,河北新闻网,http://hebei.hebnews.cn/2016-09/22/content_5864500.htm,2016-9-22

牌、产品、员工等游客能够接触到的点来进行品牌的传达,并形成统一的"销售主张",将消费者希望了解的信息汇集成"一种形象,一个声音",① 当然这种整合营销的前提是必须在一个统一的文化旅游发展的目标之下,围绕着这个目标才能开展各项营销活动,这样才能形成一个一致和统一的形象,最终形成区域的文化旅游品牌。

(一)多媒介传播渠道营销

在景区内部,主要是通过一些实在的载体来进行营销和传播,根据品牌形象识别原理,实在的载体最好要统一,还能够体现当地特色或者文化内涵,使人们更容易识别和记忆,再加上重复出现,在旅行者心中便会建立起一个更为明确的品牌形象。诸如主推古典历史文化的景区,在游客中心的设计上要尽量仿照当时年代的建筑风格,宣传册、指引标志、海报、画册等都要选择较为古朴典雅的风格,整体上色彩要柔和不能过于突兀,还要在细节上下足功夫,小到一个流苏、灯笼大到一个外观建筑,都要符合所在年代的风格和特色,景区纪念品的设计就更不必说,在展现特色的同时要兼顾创意,火遍各大社交媒体和淘宝网的故宫文化创意产品就结合了故宫的历史文化并加入了创新。在故宫博物院文创旗舰店可以看到"天子童年"、"故宫笔记"、"家居陈设"、"紫禁服饰"等几个系列,"容嬷嬷"针线盒、"御前侍卫"手机座、"朕就是这样的汉子"折扇、"格格钓金龟婿"书签"如朕亲临"的旅行箱吊牌,朝珠

---

① 蔡嘉清:《文化产业营销》,清华大学出版社2013年版,第319页。

形状的耳机、"黄金宫灯珊瑚白玉摆件"等各式各样的带有皇宫色彩的生活用品及工艺品受到广大消费者的欢迎和认可。同样的道理,主推红色革命文化的景区在各项设计上也应该遵循这一原则,尽量反映当时年代的特色,让人们能够感受到烽烟四起或者革命英雄主义精神。

景区外部的营销主要指借助各种媒介进行宣传和推广,无论是纸质媒体还是新媒体,亦或是社会媒体,都是希望能够通过多渠道进行营销,较大的景区都会有自己的官方网站、微博、微信等,在互联网时代尤其要重视新媒体营销,越来越多的人沉浸在互联网上,智能手机用户不断攀升,随着互联网在线预订、支付、评价等体系的健全,在线的游客评价成为影响文化旅游景区或者企业品牌的重要因素,多元的社会化媒体更是给了旅行者一个发表自身看法、撰写游记、记载感悟、上传景区实况等良好载体,旅行者在网上与景区或者文化旅游企业的互动也成为消费者直接感受景区品牌形象的渠道,众多旅游者点击、点赞或者转发、评论甚至都可能在网络上形成一次网络事件。无论是青岛大虾事件还是哈尔滨天价鱼都对这些区域的旅游造成了负面影响和冲击。因此在营销的同时还需要即时地做好危机公关,应对品牌危机,打消消费者的顾虑,维护品牌形象。河北太行山地区在进行文化旅游的整合营销时,除了尽可能在较大媒体上增加曝光率之外,还要利用好新媒体的优势,官方微博和微信绝不能形同虚设,微博运营要懂得借势营销,利用热点等增加话题度,还要适时设置话题,与粉丝进行互动,而微信则要保持一定的发文量,文章要与景区或者文化旅游的内容相关,要设置互动版块,即时回复留言,新媒体运营较为成熟时还可以举办一系列的线上线下活动,提升知名度和美誉度,增加用户黏性。景区必须打破传统思维,迎接互联网时代,要用更加专业的人才来进行整合营销。

(二) 节事活动营销

各种节庆活动是文化旅游产业中重要的一项营销活动,所谓节庆产业,"就是指在特定日子和相对固定时间和区域范围内,文化资源为核心内容,以创意创新为基本特征,以文化消费为主要目的,以身心愉悦为实现目标,以公共广泛参与和旅游方式为载体并由此产生的一系列节日和庆典活动"。[①] 这些节庆活动大都是以当地文化特色为核心,然后向外延展,有些是传统的节日,有些则是适应时代的人造节日。节庆活动是一个由头,推动文化旅游的发展才是主要的目的。节庆活动不在多而在精,也不能盲目设立节日,这样既不能让游人记住也不能达到塑造品牌的作用,而是要整合各方面的资源,为当地景区和文化特色量身打造。当节庆活动形成一定的知名度后,便会反哺景区其他产业的发展,久而久之,良性互动便可以达到塑造品牌的作用。

河北太行山地区文化历史资源丰富,在节庆活动的营销方面可以着重发展。要兼顾传统的民间节日和人造节日两个方面的营销。坐落在邯郸涉县中皇山上奉祀和纪念创世始祖女娲的娲皇宫被世人誉为"华夏祖庙",并被国家列为全国重点文物保护单位。近年来,涉县县委、县政府依托女娲文化资源优势,

---

① 范建华:《节庆文化与节庆产业》,云南大学出版社2014年版,第209页。

第四章 河北太行山文化产业带的文化旅游发展概况及开发路径

以全国建筑规模最大、保存最为完好的娲皇宫古建筑群为载体，采取多项措施，大力保护开发和传承女娲文化，打造女娲文化品牌，建设精品文化景区，使这个县成为晋、冀、鲁、豫、陕等地群众寻根问祖的场所。从 2003 年至今每年的农历八月二十六，涉县已连续举办了多届女娲文化节和公祭女娲大典活动。[①]在举办节庆期间，众多的游客来到涉县，观看节庆表演以及参与公祭活动，多角度地体验女娲文化，促进了当地文化旅游业的发展。

表 4-3 河北太行山地区节庆活动一览表

节庆活动名称	时间	周期	地点	主要内容
中国广府旅游文化艺术节	3月	不定	邯郸永年	中国太极文化表演展、全国摄影展、剪纸展、民俗文化展以及吹、西调等各类艺术表演活动等。
顺平桃花节	4月	每年	保定顺平	开节仪式、文化表演、文艺演出等。
野三坡开山节	3~5月	每年	保定涞水	祭山仪式、植树、舞狮、秧歌等
天桂山旅游文化节	5月	每年	石家庄平山	《白毛女》戏曲表演、河北梆子等传统居民表演、民俗活动等。
涉县公祭女娲大典	9月	每年	邯郸涉县	文艺表演、公祭仪式等。
中国曲阳国际雕刻艺术节	9~10月	每年	保定曲阳	中国曲阳雕刻艺术论坛、曲阳雕塑成果展等。

---

① 《涉县女娲文化及公祭女娲大典》，河北旅游网，http://www.hebeitour.com.cn/diyun/jieri/jr-752.html

续表

节庆活动名称	时间	周期	地点	主要内容
邯郸市永年县吹歌节	9~10月	每年	邯郸永年	吹歌比赛
井陉拉花文化艺术节	10月	每两年	石家庄井陉	拉花比赛、民间艺术展演、旅游商品展览等。
汤汤水冰瀑旅游文化节	12月	每年	石家庄平山	冰瀑节开幕式、燕赵最美冰瀑随手拍、"观冰瀑、看民俗、新春祈福"活动等。

资料来源：作者根据公开资料整理

第五节 河北太行山地区文化旅游开发的对策研究

一、明确政府的主导作用

在文化旅游产业发展的过程中，政府的作用不容忽视。关于促进文化旅游发展方面，各级政府都出台了相应的政策以及文件。但是在贯彻和落实这些政策方面还需要政府具体相应的规划和细则来指导文化旅游的发展，而不是让政策成为空头文件。要有的问责机制，对于不作为要有处罚和问责，还要出台各项优惠政策来支持文化旅游产业的发展。另一方面政府要发挥主导作用，在打通整个区域文化旅游产业的过程中，不同区域的各级政府要相互配合协作，以整个太行山地区的文化旅游产业发展为总体目标而不是只顾一城一区的利益。同时还要不断创新管理体制，打通管理过程中的各个壁垒，简政放权，为文化旅游产业的发展设立绿色通道或者专门抽调人员建立相应的管理机构来针对文化旅游产业的发展进行部署和安排。政府要根据太行山地区的实际情况和存在问题,尤其是在基础建设、资金引进、景区规划、文物保护等方面加强投入和建设。为企业主体提供应有的平台支撑,还要为企业营造一个良好的市场环境。

二、调动企业主体的积极性

在文化旅游产业的发展过程中,涉及到方方面面的企业,诸如景区、旅行社、酒店餐饮、住宿交通、文物保护、广告影视、古玩收藏等等,这些企业的建设和发展都会影响到整体文化旅游产业的发展。企业作为文化旅游产业中主体,应调动其的积极性,从市场需求出发,根据消费者的需求制定适宜的战略。首先在一定的区域内打造龙头企业或者集团。龙头企业能够在各个环节上进行资源整合,通常是衣、食、住、行、游、购、娱等一条龙服务,能够有一个统一的标准,在服务水平上能够达标,同时龙头企业还可以成为区域的品牌,吸引更多的消费者安心、舒心、放心地进行文化旅游。其次要鼓励不同企业之间的合作乃至兼并重组,资源的优化配置常常需要外力的推动,不同企业的合作可以降低风险,提高效率,而兼并重组则直接可以提高企业的竞争力。第三,企业要发挥积极性,在资金、技术等各项资源上大力投入,在产品设计、研发、生产、销售、推广等各个环节不断地创新,不断提高企业的核心竞争力以及创新力,培育区域特色文化旅游品牌。

三、培育良好的消费市场

受制于历史、地理条件等因素,河北太行山地区文化旅游产业的发展局限于经济发展水平，文化旅游的消费市场一直还不健全完善。一些旅游景点即使是当地的居民都不太了解，更别提向外宣传和让旅游者知晓了，因此要不断提高人们的文化旅游意识，让公众从更广的层面上接受文化旅游，对文化旅游的内涵、特征等有所了解，并且能够转换成行动，真实地投入文化旅游过程中。提高公众认知要利用好多种手段，尤其是随着互联网的发展，要利用各种社交媒体、网站等进行宣传和推广。其次要挖掘旅游消费者的需求变化，开发符合其心理需求的文化旅游产品。发展文化旅游产业实际上是通过引导文化旅游消费需求来倡导开拓新的消费空间、培育新的消费群体，以此实现以通过深层旅游消费拉动经济稳步增长的长远目标。[1]

---

[1] 辛欣：《文化产业与旅游产业融合研究：机理、路径与模式——以开封为例》，河南大学 2013 年硕士论文，第 79 页。

第五章　河北太行山文化产业带的布局策略

第一节　产业布局及文化产业布局的内涵

一、产业布局的内涵

产业布局，又称产业分布、产业配置，是指产业在一定地域空间上的分布和组合。具体来说，产业布局是指企业组织、生产要素和生产能力在地域空间上的集中和分散情况，是对产业空间转移与产业区域集群的战略部署和规划。

产业布局是产业结构在地域空间上的表现，是一种具有全面性、长远性和战略性的经济布局，是涉及多层次、多行业、多部门以及多种因素影响的具有完整性和持久性的经济社会活动，是社会经济在运用产业空间分布规律从事社会生产和经济活动的一种体现。产业布局是产业发展的一个空间侧面，它所要解决的就是"在哪里生产"这一与空间相关联的问题，从国内外的经验来看，产业布局的研究主要包括以下三方面的内容，即产业布局理论、产业布局战略及产业布局政策，产业布局理论就是对现有产业分布现象如布局指向、布局类型、布局结构及地域演变过程等进行定性或定量的描述与解释。产业布局战略就是根据产业布局理论，对产业再分布提出的各种构想或蓝图，即回答"应该怎样"这一问题。同时，要实现这种构想和蓝图，使理想的构思变为现实的具体行动，政府就必须运用产业布局政策把政府的产业布局战略与企业的产业布局具体行动二者有机联结起来。从这方面来说，产业布局政策就是政府布局战略与企业布局行动之间的一种联系，是政府运用各种政策手段包括行政的、经济的和法律的，对企业的产业布局行动进行干预和调节，以使企业布局行动符合政府的产业布局战略。[1]

二、文化产业布局的内涵

与其他行业相比，文化产业属于第三产业，是一定空间地域内文化与经济长期交融、相互作用、相互影响的结果，是历史文化与现代经济共同作用的产物，既能体现一个区域的精神文明发展水平，也能反映一个区域的各种资源和要素的配置和分布情况以及该地区的人们对于这些要素的利用和整合。资源和要素的不完全流动是人们选择一定的地理条件生存的客观规定，资源和要素的丰俭程度是人们选择生存空间的依据。因此，从人类运动的一般规律来说，人们总是自觉地向着资源和要素丰富的地区运动，并且随着资源和要素的丰俭程度的不断递减而递减。[2] 文化产业的布局也不例外，文化产业的布局是对一定区域空间内包括内外部条件等各要素的考察分析上做出的产

---

[1] 魏后凯：《布局主体及其经济行为研究》，《生产力研究》1988年第5期。
[2] 胡惠林：《关于区域文化产业战略与空间布局》，《山东社会科学》2006年第2期。

业空间转移与产业区域集群的战略部署和规划。从区域空间经济发展看，文化产业在区域的经济总量中占有一定的比重以及越来越大的发展潜力；从产业供给能力的形成来看，文化产业供给能力相对集中于某一地区，使该地区成为该产业总供给的主要来源地。

第二节 河北太行山文化产业带布局存在的问题

伴随着河北省太行山文化产业资源的不断开发，文化产业带布局不尽合理的问题也逐渐显露出来，成为制约河北太行山文化产业带可持续发展的瓶颈。

一、单打独斗，文化产业的集聚化程度较低

集聚是指资源、要素和部分经济活动等在地理空间上的集中趋向与过程。集聚主要源于中心城市的规模效益、市场效益、信息效益、人才效益、设施效益等，正是这些效益的吸引，使得区域中的二、三产业，人口、人才、原料、资金和科学技术向中心城市集聚。[1] 文化产业集群是产业集群理论在文化这个特定产业中的体现，可以表现为文化产业也括娱乐、影视、动漫、出版等行业及其相关行业，以及相关的支撑系统也括人才、技术、创新、服务等在一定地域内的集聚，在这些聚集区内鼓励文化运用和一定程度的生产和消费的集中。[2] 按照迈克尔·

---

[1] 赵春明主编：《国际贸易学》，石油工业出版社2003版，第80页。
[2] 转引自崔晶泉：《基于产业集群理论的文化产业园规划布局研究》，安徽建筑工业学院2012年硕士论文，第18页。

波特关于产业集群的定义，文化产业集群就是在文化产业领域中，由众多独立又相互关联的文化企业以及相关支撑机构，依据专业化分工和协作关系建立起来的，并在一定区域集聚而形成的产业组织。文化产业的集聚，一是有助于形成文化产业的综合竞争力，实现对各种文化资源的优化配置与有效利用；二是有利于有效利用市场信息，形成对于各种文化资源的吸纳能力和辐射能力，提高创新能力，节约文化资源的流通成本；三是有利于文化能力向社会能力的转化，在消化吸收现代高新技术的同时，也以产业集群的方式改变扩大再生产的方式和途径，进而达到为社会发展提供智力支持和文化生态环境的目的。

一些享誉中外的"国际性文化大都市"也往往是文化产业最为集中的地方和文化影响力最为强劲的地方。因此，为了实现文化产业布局空间聚集的文化和经济效益，从政策主体上来说，就必须首先选择历史文化条件优越和经济发达地区作为文化产业布局的集聚区，形成新的增长等级，在这里原有的历史文化条件具有特别重要的意义。其次，根据不同集聚点不同核心文化产业的产业性质，确定并培育不同文化产业集聚区的产业经济功能和文化功能，以利于不同功能区之间的分工和协作，从而形成各种文化资源合理配置的最佳产业结构；第三，构建大中小规模不等的产业集中体系，实现不同规模文化产业和企业之间的优势互补，形成良性的文化发展的生态群落。[1]

---

[1] 胡惠林：《关于区域文化产业战略与空间布局》，《山东社会科学》2006年第2期。

第五章 河北太行山文化产业带的布局策略

(一) 从文化产业的规模来看

往小处说,一个县市都可以是较大的带状空间,从上文河北太行山一带非物质文化遗产、手工艺品以及文化旅游资源的介绍来看,很多县市都不只有一种类别,而是常常拥有几种类别,而对于这些地方来说,并没有把当地的几种资源集聚起来,而是单打独斗,没有形成一定的气候,以太行山地区的井陉为例,井陉县地处冀晋交界,自古就是"燕晋通衢",有"太行八径之第五径"、"天下九塞之第六塞"之誉,井陉县秦时置县,是联合国地名专家组中国分部首批命名的"千年古县"。目前,全县有国家级文物保护单位4处,国家级文化遗产项目4项,是"中国井陉拉花艺术之乡"、"中国感恩文化之乡",境内有"中国历史文化名镇"天长镇,"中国历史文化名村"于家村和大梁江村。[①] 无论是从历史文化的角度,还是休闲旅游的角度,井陉县还都没有将这些资源有效地集聚起来,只是一个个分散的小景点或者小的文化名片,对内来说,无法形成一定的凝聚力和规模效应,对外来说,也无法作为一个整体形成吸引力和影响力。往大处说,整个太行山又是一个更大范围的带状空间,而目前的文化产业开发并没有将整个太行山看做是一个基座,而是更多地着眼于当地的小打小闹。河北省政府层面的目标是形成"红色太行、壮美长城、诚义燕赵、神韵京畿、弄潮渤海"五大文化品牌,而太行山地区的各个局部没有将"红色太行"这一大的文化品牌作为集中的引领方向,也没

---

① 高靖华:《"千年古县"向文化强县嬗变》,《石家庄日报》2013年7月19日,第6版。

159

有将整个太行山地区的红色文化资源集聚起来进行开发,以致于说起来"红色太行"人们更多的只是能够零星地想到平山西柏坡、保定狼牙山等分散的几个地方,而不能将它们串联起来作为一个整体去考虑。

（二）从文化产业的供给主体来看

太行山文化产业主体多以中小企业为主,主要分布在文化旅游、文化产品销售等可以直接资源变现的领域,而且多处于分散经营的状态,远远没有达到集约化发展的程度,即使有小部分地区有集约化发展,总体集约化水平也不高,文化产业空间聚集现象还不明显。而中小企业为主的现状也反映出了缺乏有一定影响力的龙头企业,没有能够集中代表文化品牌的龙头企业,文化产业集群的凝聚力和带动力也就无法提升,分散经营决定了只能考虑"一家一户"或者个别企业的自身利益,而无法将整个地区文化产业的长远目标涉及其中,而中小企业的能量又是有限的,无论是资金、技术、人才还是市场方面都存在一定的短板,因此在文化创意、产品设计、数字营销、产业链挖掘的超越资源本身的领域大多还未涉足或者只是简单涉及,无法形成长远的发展链条和持续的创新,也就无法形成核心竞争力,直接阻碍了文化产业可持续发展。

（三）从文化产业的品牌来看

太行山地区的文化产业没有形成大的品牌影响力。太行山地区从大的范围来讲是中原仰韶古文化、北方红山古文化、内蒙古河套古文化接触的"三岔口",经过成百上千年的人类活动,太行山地区拥有丰富多样的历史文化资源与许多优秀高质量的文化项目。但是由于没有根据不同文化资源的特点，对文化品牌进行明确的定位，系统地开发、包装、推广和销售，再加上当地传统文化与现代文化的融合度差，现代的文化产品也没有很好地体现或者呈现传统文化如何介入、影响和渗透现代生活，因此很难形成具有鲜明特色的文化品牌。以保定易县为例，清西陵景区和易县狼牙山景区都处于此地。狼牙山五勇士的故事虽然传颂已久，且已写入小学课本，人们也大都知道狼牙山，但是很多人并不知道狼牙山在保定易县，甚至有人不知狼牙山是一处旅游景区，可见旅游宣传的效果与狼牙山本身极高的知名度与开发潜力还不是很契合。再就是易县的清西陵景区，清西陵由于受同类皇家陵寝旅游景点的冲击，游客量没有很大起色，而且政府的投入力度不够，虽然清西陵也是 AAAA 级景区，但是它主要景区设施投入较少，景区面貌变化甚微，从而造成易县旅游市场吸引力的欠缺。[①] 因此必须把易县的各景点结合起来，形成一个整体，加大政府的投入力度，形成较强的吸引力，才能打造易县文化旅游的品牌。

二、对于文化产业链的挖掘还不到位

贺轩、员智凯认为：产业链是产业经济学中的一个概念，是建立在产业内部分工和供需关系基础上从最初始的原材料生产和销售到中间产品生产和销售，再到最终产品生产和销售全过程中各个环节所形成的一种企业群体的关联图谱。产业链分

[①] 孟祥伟：《旅游产业核心竞争力与区域经济发展——以保定市为例》，河北工业大学 2010 年博士论文，第 68 页。

为垂直的供需链和横向的协作链。垂直关系是产业链的主要结构，通常将其划分为产业的上、中、下游关系；横向协作关系则是指产业配套。从现代工业的产业链环节来看，一个完整的产业链包括原材料加工、中间产品生产、制成品组装、销售、服务等多个环节。实际上，任何产业都能形成一条产业链，现实社会中存在着形式多样的产业链，而且众多产业链会相互交织构成产业网。因此我们可以说，产业链的概念有广义和狭义之分。广义的产业链包括满足特定需求或进行特定产品生产（及提供服务）的所有企业集合，涉及到相关产业之间的关系；狭义的产业链则重点考虑直接满足特定需求或进行特定产品生产（及提供服务）的企业集合部分，主要关注产业内各环节之间的关系。[①]

文化产业链的建立就是以文化产品内容为核心，通过各种相关产业如旅游业、表演娱乐等相关产业融合渗透交叉而形成的。从文化产业垂直的供需链来看，上游更多的是指文化产品或者文化内容的吸引力和创新力，中游主要是设计制作，而下游主要是完善到位的服务，从上到下，环环相扣，随着越来越接近消费者，产业链的价值不断增值；从文化产业横向的协作链来看，是指文化产业的产业配套。以全球闻名的迪士尼公司为例，迪士尼涉足的各个领域组成了完整的全产业链，影视娱乐是迪士尼产业链的动力核心，包括迪士尼电影集团、迪士尼家庭娱乐公司、迪士尼音乐集团和迪士尼戏剧制作集团。它不

---

① 贺轩、员智凯：《高新技术产业价值链及其评价指标》，《西安邮电学院学报》2006年第2期。

仅仅是迪士尼自产影视娱乐产品的内容平台,在电影、音乐制作发行等整个流程都有着强大的整合力量,其他公司的作品,也会被迪士尼影视娱乐运作成功。迪士尼媒体网络则是迪士尼影视娱乐的推广渠道,包括迪士尼国际电视集团、迪士尼—ABC 国际电视集团、"迪士尼在线"广播以及 ESPN 迪士尼互动媒体集团。迪士尼涉足电视的起因是想借用电视等媒体推销迪士尼影片和迪士尼乐园,不过在长期的发展之后,电视台、电台本身的效益开始凸显,目前迪士尼媒体网络已经成为迪士尼巨大的收入来源之一。迪士尼主题乐园度假区与迪士尼消费品处于整条产业链的下游方向。迪士尼在全球拥有 6 个度假区、11 个主题乐园,还有两艘巨型邮轮—迪士尼海上巡航线,还有 ESPNZone 主题餐馆、NHL 冰球队"巨鸭队"。作为全球最大的品牌消费品授权商,迪士尼在全球授权推出包括服装、家居装饰、玩具、食品、文具、出版、电子产品等 7 大类消费品。[1]

(一) 从上游的内容生产力来看

内容是一切文化产业链的开端也是最为根本的一部分,是对其他环节开发的基础,因此也是整个产业链的核心竞争力部分,河北太行山地区拥有丰富的历史文化资源,但是拥有资源还不够,需要通过有效的组织运作,整合各种相关联的资源,从而转化为更加复杂的文化产品。一般产品可以划分为三个层次:核心产品层即产品的使用价值,指产品能给购买者带来的基本利益和效用;形式产品层,是核心产品的基本表现形式,

---

[1] 袁学伦:《迪士尼的财富生产链》,《经理人》2013 年第 1 期。

包括产品的包装、材料、款式、工艺、品牌、性能等可以为顾客识别的基本特征；附加产品层，指消费者购买产品时得到的附加服务和附加利益的总和，包括服务、形象、信誉、关系等。① 文化产品也不例外地包括这三个层次，但是文化产品更侧重核心产品与附加产品层，因为文化是一种无形的精神性质的内容，对于人的精神面貌、思想情感、审美情趣等的影响巨大，因此对于这两种层次的产品的开发更为重要。而目前来看整个太行山地区，一些地方对文化旅游、非物质文化遗产以及手工艺品等资源的开发还处在简单的形式产品层和核心产品层，对于附加产品层的开发还远远不够，很多景区物价高，手工艺品质量参差不齐，特色不明显，在服务以及与消费者的关系方面还有很多欠缺，即使是在核心产品层的开发上面还存在缺乏创新力，后劲不足等问题。

很多地区的文化产业内容比较俗套，形式流于一般，无论是手工艺品还是旅游资源，都呈现同质化倾向。以保定曲阳石雕为例，曲阳县有着深厚的历史文化积淀，但石雕作品并没有与自身所处的文化地区的特点相结合，作品雷同、仿制现象突出。另外，曲阳石雕艺人的知识产权保护意识薄弱。目前"曲阳石雕"这一区域品牌尚未获得国家地理标志证明商标。在品牌保护方面，曲阳落后于惠安、青田。青田石雕、惠安石雕分别于2002年、2011年荣获国家颁发的地理标志证明商标。在版权保护方面，曲阳石雕艺人申请外观设计专利者的寥寥无几。

---

① 董红杰：《创意产业"五位一体"的成长路径研究》，华中师范大学2014年博士论文，第95页。

经国家知识产权局专利检索系统查询，曲阳石雕只有 2 项外观设计专利，分别为甄彦苍的《关爱人间》和刘红立的《两色释迦牟尼佛》；而惠安石雕则有 50 余项外观设计专利。在外观设计专利申请上，曲阳石雕艺人远远落后于惠安石雕艺人，这反映出曲阳石雕艺人的创新意识薄弱。

(二) 从中游的设计制作来看

除了内容产业之外，设计制作也是为文化产业带来增值的一个重要环节。完美的设计和专业的制作是将文化转化为现实文化产品并实现赢利的中间环节。以成都著名的宽窄巷子为例，宽窄巷子街区是由街巷空间、院落空间和建筑共同组成的，在对宽窄巷子的修缮开发过程中，秉承了专业的设计和构建，为了保留宽窄巷子原汁原味的街区空间格局，改造中充分保护了宽、窄、井三条街巷空间形态以及传统四合院式的院落格局。最大限度的展示街巷与院落共同组成的宽窄巷子街区的传统空间肌理，并使用传统的建筑材料、样式及施工工艺对木构架建筑进行整体修复，对需要维修加固的如围墙、门头等采取隐蔽性维修加固。在细部处理上，如门窗、砖石、浮雕、木刻，还有室内的装饰、布局等都基本上保持着历史的特色。做到了对街区、院落、建筑、装饰细部的全盘保护。除此之外，还灵活运用古代遗留的文物作为商业街区中的景观节点，例如宽巷子的拴马石，井巷子的古井，还有用古砖砌成的文化墙，都运用创新的手法将历史变活。在基础设施方面，修缮了街区道路、扩大了公共绿化面积、增添了路灯等设施，为人们提供了便利舒适的游逛空间。

在文化产业的中游环节，每一处细节的打磨，每一个设计的匠心，都会直接影响到下游的服务体验，在互联网盛行的今天，便捷快速的复制品随处可得，人们更加注重体验，而只有将设计、制作等做到极致和完美才能打动消费者，也只有对于细节的精益求精才能与众不同，同时还必须以消费者为核心，设计出来的产品或者设施必须人性化，让消费者感到贴心。除了对于实体产品的体验，人们越来越注重实体产品之上的意义消费，而中游环节在这一点上至关重要，在制作和设计产品之前就应该想到。还以迪士尼为例，迪士尼很多东西的呈现不只是卡通人物、动漫影片等那么简单，更多的是为你打造出一个梦想的世界，正如迪士尼所奉行的，只要幻想存在，迪士尼就不会完工，它让你感觉到这里承载着你的童年记忆，你所有的美梦。

太行山地区文化产业的开发，无论是对产品的设计制作还是对文化品牌意义的塑造都还很欠缺。虽然必须承认大机器时代的来临使得手工作坊似的生产相形见绌，但是在供给侧的改革中我们也看到了随着物质水平和居民消费水平的不断提高，人们对质量的需求越来越高，对细节的体验越来越重视，对产品的效果越来越苛刻，而反观太行山地区的文化产品，很多旅游景区当地特色美食的制作粗糙简略，材质选择不精良，制作手法简化；当地特有的手工艺品很多都已濒临失传，对于前人的技艺没有精细传承，后续加工缺乏创新；景区的开发没有一个系统的规划，对于中国传统建筑和西式建筑不能很好地处理，很多弄得四不像；景点的基础设施很多还不完备，住宿、娱乐等设备陈旧；对于互联网尤其是新媒体等的运用还没有提上日程。太行山区的绵河水磨就面临着这样的境遇。绵河水磨被列为"河北省非物质文化遗产",在绵河流域,分布着大小立式水磨坊20多座,最古老的水磨已有100多年,在缺水干旱的北方十分罕见,但近年来停工的越来越多。在今天的井陉县的威州镇山坳里,正在运转的水磨房砖瓦破旧,很久没有打理。磨房下平放着一个巨大的圆形转盘,靠河水冲刷着旋转,带动磨房里的石磨。石磨上扇固定,下扇旋转。水磨不用煤,不用电,只要河水长流,就能工作,省电是水磨的一大优势。目前很多水磨坊都用当地的野皂角碾碎成粉末做成祭祀用香和生活用熏烧类香,当地的人们没有转变思路,找到其他的市场空白区利用水磨自身的优势去磨一些其他的东西,比如利用绵河水磨磨面榨油、发展传统手工业,从而带动当地经济发展。[1]

(三) 从下游的服务来看

文化产业作为产业之一,各个生产文化产品的企业不得不要走向市场,面对激烈的市场竞争,为了实现产业化就必须争夺更多的消费者,而要想消费者买单,就必须满足消费者的需求,才能将文化产业的产品或服务营销出去,为社会大众所消费。文化产品或服务的营销服务是指以各种媒体和流通渠道为依托,将文化产品或服务送达或传达至大众消费者眼中、脑中及手中,以满足人们视、听、感、触觉及想象、思维、认知、情感等精神需要的一个产业服务活动过程,包括诸如书刊发行、影视播放、剧场演出、会展、体验和设备、场地维修服务等活动。这一产业活动过程蕴含着极高的品牌价值,服务越是有品

---

[1] 孟醒石:《山不转水转小山村想让水磨转来钱》,《燕赵晚报》2014年4月17日。

牌，就越能获得相对更高的附加值。[①] 纵观太行山文化产业的整体现状，在影视播放、剧场演出、体验方面还有很大的欠缺。比如邢台内丘的郭巨孝文化，郭巨是中国古代著名的二十四孝之一。郭巨孝母埋儿获黄金的故事在广为流传，其孝母埋儿获金的发源地就在内丘，内丘县以金店镇为中心的金店、黄釜、文孝、留村、张麻、礼义等20多个村庄还因郭巨埋儿而命名。郭巨的故事传说和敬老爱老之风在内丘更为传颂不衰，形成了独特的郭巨孝文化，郭巨故里涌现出一批像金店村贾海缺全国"孝亲敬老之星"一样的现代版楷模。当今中国正处于转型时期，中国传统文化与市场化转型过程中伴随的拜金主义、享乐主义以及西方文化价值观的个人主义等强烈碰撞，而社会主义核心价值观的形成也需要从中国传统的文化中吸取给养，共同构筑中国人的精神家园，抛去传统的愚孝成分，内丘的郭巨孝文化就是很好的意义承载体，尤其是关于现在亲子教育方面也引起了人们的重视，内丘完全可以打造中国的孝文化基地，以及由此可以延伸出来亲子体验乐园，以及相关的教育书籍、影视产品等多种相关产品，尤其是在现今很多主打亲子关系的综艺节目十分盛行的情况下，将传统的孝文化与其结合起来，节目的内涵也将更加深刻。可是目前内丘县虽然因为郭巨孝文化形成了独特的风俗和孝老敬老文化，但是只有一座位于金店村西大约200米，高6米，长宽均为1.5米的七节（含座）郭巨塔，没有相关的文化教育基地，相关的产品也还没有打造，现

[①] 鲍蔚：《产业链视阈的文化创意产业发展研究》，合肥工业大学2012年硕士论文，第21—22页。

有的文化资源也就很难变现。

三、文化产业的公共服务平台不健全

一切事物都处于一定的联系之中，文化产业需要其他相关领域的资源或者条件的支撑，相比工农业等其他行业，文化产业的发展起步较晚，但是近年来文化产业发展迅猛，不仅对社会的精神生产做出重要贡献，也是知识经济中重要的支柱产业。但是与文化产业发展相关的公共服务平台很多地方还未搭建，严重制约了文化产业的发展和创新。程正中认为，"文化产业公共服务平台可以定义为：以资源共享和产业服务为核心，集聚和整合政府、企业、科研院所及高校的文化创意条件资源，运用信息、网络等现代技术，形成物质与信息服务平台，通过建立共享机制和运营管理组织，为文化产业发展提供公共便利、创造公共条件的开放、共享的服务网络、体系或设施。"[①]

文化产业的公共服务平台一般由政府牵头或者由其主导搭建，主要服务于各类文化企业或者机构，主要是提供资金、技术、人才等方面的信息，方便信息交流沟通，推进文化成果的转化或者文化产业的可持续发展。公共服务平台的搭建，可以降低单个企业的创新成本和风险，在创意孵化和保护知识产权方面也将发挥巨大的作用。以上海市为例，上海市由政府主导建设的与创意产业有关的公共服务平台体系，首先由市经委牵头组建的上海创意产业中心和上海设计创意中心两个专门服务机构。前者侧重于产业沟通中介服务，下设有七大公共服务平

---

① 程正中：《文化创意产业公共服务平台研究》，《企业活力》2008年第1期。

台：网络信息平台、投资咨询平台、知识产权平台、人才培训平台、展示交易平台、研发设计平台、国际交流平台；后者拟打造创意产业设计创作和教育培训平台，着重解决创意产业发展的人才瓶颈问题，下设有设计创作、公共教育培训服务平台。其次是由市经委宣布先后成立的 75 个大大小小的创意产业园区。这些创意产业园区以园区内企业为主要服务对象，为创意产业的发展提供各类公共服务功能，构成了创意产业的区域性公共服务体系。最后是与创意产业有关的各企业、机构、协会建立的公共服务平台。就目前太行山地区的文化产业的发展来看，只有一些区域的公共服务体系，以一些文化产业园区或者创意产业园区为主，但是文化产业整体上的公共服务平台还不健全。

(一) 缺乏创意和管理型人才

太行山地区与文化产业密切相关的创意和管理型人才很缺乏。涉及精神生产的领域必须要牢牢把握住创意，因为创意创新是企业可持续发展的不竭动力，创意使得产品不断推陈出新，创意使得消费者永远保持新鲜感；涉及经济效益，必须要考虑如何高效利用资源，如何做广告做宣传，如何将生产的产品推销出去，并懂得面对激烈地市场如何抓住消费者，这就需要相应的经营管理人才。而文化产业作为二者的结合体，既要兼顾文化属性，又要兼顾经济效益，因此对于既懂文化艺术专业知识又懂经营管理的复合型人才的需求十分强烈。目前太行山地区文化产业发展中缺乏这种高素质的人才。由于缺乏创意人才，使得文化产业的发展同质化程度较高，特色不明显；由于缺乏经营管理人才，使许多文化单位不能进行市场化运作，无法实现文化企业与市场对接，更无法实现战略性规划和品牌策划等。文化产业所缺乏的各类人才需要按照文化产业的特点进行培养和引进。河北省科教发达，但各高校开设相关专业对文化产业发展所需要的各类人才进行培养的很少，也缺乏引进、留住高素质人才的有效措施。许多文化单位普遍存在着"有用人才引不进、拔尖人才留不住、过剩人员流不出"的现象。

(二) 知识产权服务不到位

文化产业的核心是创意和创新，是个人基于其独特创意所产生的一种智力成果，而知识产权正是主体依法享有的对其创造性智力成果的垄断权利。正像英国政府在其创意产业定义中所指出的那样，"创意产业是源自个人创意、技巧及才华，通过知识产权的开发和运用，具有创造财富和就业潜力的行业，所以，创意产业和知识产权的关系可谓是息息相关。"[1] 文化产业常常是由于其独特性才可以彰显其价值，对于知识产权的保护尤为重要，尤其是今天数字时代的来临，随手复制、粘贴、传播变得非常容易，侵权成本越来越低，对于知识产权的保护应该加快步伐，因此对于知识产权方面的服务是文化产业公共服务平台中一个重要的组成部分。但是太行山地区文化产业的知识产权方面的服务还很薄弱，很多产品都没有申请专利，尤其在一些边远地区的手工技艺还没有注册商标。而政府对这方面的服务机构的建设也不到位，相关政策很难落地，很多企业面对侵权不懂得维权，或者维权成本高昂没有相应的法律援助

---

[1] 杜捷：《创意产业的知识产权保护研究》，华东师范大学2008年硕士论文，第28页。

部门作指导。

(三) 投融资服务跟不上

文化产业是资金密集型和知识密集型的复合产业，文化产业的繁荣与发展需要大量的资本投入。国家制定的《关于金融支持文化产业振兴和发展繁荣的指导意见》指出，各金融部门要把积极推动文化产业发展作为一项重要战略任务，作为拓展业务范围、培育新的盈利增长点的重要努力方向，大力创新和开发适合文化企业特点的信贷产品，努力改善和提升金融服务水平，促进我国文化产业实现又好又快发展。而河北省文化产业的投融资体系尚未形成，投资渠道狭窄、形式单一，以国有资本为主。国有资本在产业发展投资中的比例超过三分之二，民间资本和外资不足三分之一，而且较大规模的投资集中于娱乐服务等少数行业。由于政府投入有限，外资和民间资本投入不足，不能适应文化产业发展对资本的需求，不利于文化资本的扩张，使大多数文化产业处于规模小、效益低，不能形成规模化生产与产业化经营的状态。此外，政府的投入与产出不协调，文化投入资金在运作中存在的浪费现象严重。文化产业投融资体制的不健全，制约了河北省文化产业的发展。[1]

河北省文化金融服务体系还处于建设初期，尚未建立文化产业产权交易平台和公正、科学的无形资产评价机制、文化产业融资担保机制。已有的中介服务机构大都属于典型的政府主导型机构，基本上是政府管制功能的延伸，由于这种延伸实际上

---

[1] 刘占心、徐静珍：《河北省文化产业发展的制约因素及对策》，《河北理工大学学报》2010 年第 4 期。

保留了政府对市场的不当管制，本质上与中介服务机构的一般功能相距甚远，增大了交易成本，从而成为文化产业发展的障碍。①

第三节　河北太行山文化产业带布局的原则

我国文化产业发展正处于产业结构战略性调整和发展阶段，具有明显转型期的特点。文化产业准入的逐步开放，多种资本和多种所有制的进入，使得在未来几十年中，我国文化产业结构与布局将发生前所未有的巨大变化，区域文化产业和文化经济将呈现出整体性混合推进的态势。②

河北省太行山地区的文化产业具有这些特点的同时，又具有自身与众不同的特色，太行山文化区是中华文化的优秀代表，作为中原文化的重要组成部分，太行山地区一直以鲜明的地域特点、独特的历史内涵备受国内外学者的关注。太行山地区处于中国地理第一阶梯和第二阶梯交界处，保有大量文化元素，对文化元素的挖掘、整理、开发、利用，能够衍生出丰富的文化创意产品，让太行山沉睡的文化宝藏在文化创意时代绽放出璀璨的光芒。太行山地区还有丰富的自然资源和绚丽的民俗文化。绚丽多彩的民间艺术和民俗文化是中国北方文化的瑰宝。独特的物产、灿烂的民俗和巧夺天工的民间艺术既是文化产业大发展的重要基础，又是文化产业腾飞的推进器。旅游业是文

---

① 彭光明：《河北省文化产业金融支持体系下政府平台建设探析》，《经济论坛》2010 年第 9 期。

② 胡惠林：《关于区域文化产业战略与空间布局》，《山东社会科学》2006 年第 2 期。

化产业的重要组成部分，太行山地区独特的自然景观和人文景观构成了丰富的旅游资源。太行山也是新中国的摇篮之一，红色文化资源丰富。因此文化产业带的布局要结合当地特色，依托现有产业，优化资源配置，培育优势产业集群，扶持一批大型文化企业集团以及不断完善公共服务平台等。文化产业带的布局还要平衡好特色和集聚、集中和辐射的问题。

文化产业带布局的调整与优化是一项长期而又复杂的系统性工程，涉及到整个文化产业带的空间结构调整、各项基础设施建设、文化产业发展政策等诸多领域，需要根据文化产业带发展的现实需要与未来方向有步骤的加以协调推进。

一、战略产业主导与相关产业辅助相协调的原则

太行山地区的各个组成部分在历史文化、手工艺产品、演艺类资源等方面各具特色，可能是一种或者几种资源突出，各个地区的优势文化资源也是其发展文化产业的基础和前提，资源的丰富或缺乏还会成为这一地区文化产业发展重要制约因素，会直接影响到企业是否到该地区集聚，也会影响到相关产业的发展。

瑞典经济学家埃利·赫克歇尔提出了生产要素禀赋理论。他的理论源自这样的核心观点：产品的生产不仅与一个区域的要素资源的禀赋有关，同样也会受到该产品在生产过程中对不同资源要素的耗费比例的影响。贝蒂尔·俄林继承了赫克歇尔的思想，其在著作《地区间贸易和国际贸易》中深入阐述了完整的生产要素禀赋理论。俄林在赫克歇尔的思想基础上，进一步的认为，分工产生于不同区域的生产要素禀赋差异，这种生产要素禀赋的差异体现在：①自然条件的差异，如土地和矿产

资源；②资本的差异；③劳动力的差异，包括劳动力数量的丰富程度和劳动力质量的差异；④技术水平的差异；⑤企业经营管理水平的差异。① 上述生产要素的差异导致了不同区域的综合资源禀赋的不同，进而产生了产业分工。按照俄林的理论，不同的国家或地区在选择产业分工部门或产业布局选择时，应该根据自身的资源禀赋条件。因此因地制宜成为文化产业发展的最低成本原则，依靠优势资源也可以降低文化产业发展的风险，还可以大大提升资源的利用效率，发挥其最大的价值，因此可行性和操作性都大大提升。

因地制宜也就是要培育和发展当地的战略产业，以其为中心向外辐射，战略产业发展到一定程度时，开发相关产业，相关产业更多的是作为辅助性或者配套产业开展。因为一个地区优势的文化资源往往是该地区多年来甚至是千百年来积累下的丰富财富，也是不同于其他地区的核心竞争力。"独木不成林，一花不成春"，只有战略产业还不够，因为假定当地有丰富的自然资源，当地人只是把该地区开发成旅游景区，单纯依靠门票收入和餐饮是较为原始的盈利模式，如果能够开发主题公园、大型实景舞台剧等就可以带动演出、餐饮、住宿、纪念品等各方面的消费。也就是说只有相关产业比较完备才可以发挥"1+1>2"的效应，因为战略产业和相关产业互相联系，互相补充，共同形成较为良性的互动，提高该地区的文化产业竞争力，降低在市场环境中的风险。但是这种互相的关系绝不是主次不分

---

① 韩跃：《战略性新兴产业空间布局研究——以北京市为例》，首都经济贸易大学 2014 年博士论文，第 26 页。

的，而是必须要有战略产业做主导，其他作为辅助，也就是要处理好主要矛盾和次要矛盾的关系，我们要全面的看待一个地区的文化产业带的发展，但是也要抓住主要矛盾。

二、非均衡发展与区域一体化相兼容的原则

1957年，瑞典经济学家缪尔达尔（G. Myrdal）在他的《经济理论和不发达地区》一书中提出了"地理性二元经济结构理论"。该理论利用"扩散效应"和"回流效应"这两个概念，说明了经济发达地区优先发展对其他落后地区的促进作用和不利影响，提出了如何既充分发挥发达地区的带头作用，又采取适当的对策刺激落后地区的发展，以消除发达与落后并存的二元经济结构的政策主张。这一理论给产业布局的启示是：一是不发达地区在产业布局上应采取非均衡的发展战略。即通过鼓励和促进一部分地区经济优先增长的政策，以及差别性的产业布局政策和与此相关的财政政策等，引导生产要素向先行发展的地区转移，使其赶上国际经济发展步伐，促使这部分地区先富起来。二是不发达地区经过一段时期的非均衡发展之后，一部分地区已经先富起来时，则应从控制全地区之间贫富差距、维护经济相对平衡发展出发，在产业布局上转而采取均衡发展战略，以鼓励不发达地区的快速发展，实现全地区共同富裕的目标。[①]

由于历史、政治、经济等各种原因，文化产业的发展也具有很强的不均衡性。例如在计划经济时期我国的经济发展国家

---

① 韩跃：《战略性新兴产业空间布局研究——以北京市为例》，首都经济贸易大学2014年博士论文，第31页。

规划统一步调，各地的经济发展水平都差不多，但是经济实力都很差。而遵循市场规律就必然会导致不均衡性，因为市场作为"看不见的手"，会对资源进行优化配置，会产生"马太效应"，也就是优势地区会汇聚越来越多优势资源，而贫乏地区汇聚能力也就差一些，最终会导致，"富者愈富，贫者愈贫"。文化产业的发展也不例外，为了提升文化产业的水平和质量必须引入竞争机制，参与到市场竞争中，尤其是在当今全球化的进程中还要面临国际竞争，这就更要求文化产业在市场机制下促进生产要素在区域间科学合理配置，还要不断引进人才、资金、技术设备等，向国际先进的文化产业发展看齐，提升核心竞争力。因此政府也要支持那些具有文化产业较好基础、具有较强创新的企业的发展，在政策上予以优惠，促进这些企业做大做强，推动文化企业的兼并、重组，形成跨地区、跨行业的大型文化产业集团。

河北省太行山地区文化产业发展也不均衡，例如曲阳地区有国家级文化产业实验园"中国曲阳雕塑文化产业园区"，还有国家级文化产业示范基地河北省曲阳县荣杰雕刻石材有限公司和曲阳宏州大理石厂工艺品有限公司，曲阳把雕刻业作为龙头产业来抓，大力实施"文化强县"战略，组建新型雕刻、园林建筑雕刻等9大集团，推动雕刻业向规模化、集约化、产业化发展。目前，曲阳雕刻已成为河北省特色文化产业之一，全县共有雕刻企业2300多家，从业人员达10万余人，年创产值30亿，产品远销100多个国家和地区。[①] 可

---

① 《国家文化产业试验区——曲阳雕塑产业园区》，www.people.com。

以说曲阳地区在传统手工艺的发展方面远高于其他地区。该县也极其重视，在2004年还聘请中国传媒大学文化研究院课题组制定《河北省曲阳县雕塑文化产业振兴规划（2011—2020）》，在各方面的支持下，曲阳的雕刻行业势必向着更好的方向发展。

但是，非均衡战略选择在长远的利益上必须和区域文化产业一体化战略相兼容。区域文化产业非均衡战略是一个"适度"的概念。也就是说，选择非均衡战略的目的不是要无限制地扩大差距，而是在利益适度的差距内尽快地形成两个效应："扩散效应"和"极化效应"。只有把"非均衡战略"运用在一个适当的两度之内，它才能最大限度地满足和实现战略主体的价值追求。[1] 政府作为宏观调控的主体，最终的目的永远是促进区域整体的一体化发展而不是一县一市的"独领风骚"，区域差距和不平衡只是区域整体一体化这个动态过程的表现形态和方式，政府还要立足于有效解决各县市发展中存在的较大不平衡性，促强扶弱的区域发展战略。在继续提升一些发达县市的发展水平的同时，要大力推动边远城区加速崛起，并促进其跨越式发展，形成各县市相互促进、优势互补、协调发展的新格局。具体来说，要支持各县市发挥本地区域优势，发展特色产业，避免产业结构雷同，形成分工明确、重点突出、比较优势得到有效发挥的区域产业结构，要突破现有产业空间的发展视野。[2]

---

[1] 胡惠林：《关于区域文化产业战略与空间布局》，《山东社会科学》2006年第2期。

[2] 吴喜雁：《试析广东文化产业布局战略》，《广东行政学院学报》2011年第4期。

第五章　河北太行山文化产业带的布局策略

三、重要节点与重点发展轴相交叉的原则

点轴理论属于区域空间结构理论，它是生长轴理论与中心地理论的发展结果，点轴开发系统是由"点"与"轴"在一定区域有机组合而成。"点"一般指一定区域内各级中心城镇，即带动周围区域发展的"增长级"（增长级有两种内涵：一是在经济意义上特指某一推进型产业或公司；二是在地理意义上特指某个地理区位或空间单元）。"轴"为联结不同级别的中心城镇而形成的相对密度的人口和产业一般以各种线状基础设施为依托，轴带可以理解为依托沿轴各级城镇的产业开发，由于轴线及附近地区已经具有较强的经济实力并且还有较大的潜力，所以又可称作"开发轴线"或"发展轴线"，我们不能把轴线简单地理解为单纯几个中心城镇之间的联结线，它是一个社会经济密集带。[①]

在文化产业带的产业布局中，要选取较为发达的中心城镇或者是有一定发展基础的企业作为重要节点，这些城镇或者企业要基础水平较好，这些重点节点能通过产品流、信息流、技术流等对附近区域进行扩散，与区域的要素相结合形成新的生产力，以起到带动周围区域发展的作用，很多文化产业园、大型旅游景区就属于这样的重点节点。当这些重要节点发展到一定程度时，不管是生产、消费都将达到一定程度的饱和，除了不断创新之外就要向外扩张，而扩张多是通过一定的轴线进

[①] 郭烽丽：《基于点轴理论的福建省旅游空间结构研究》，福建师范大学 2008 年硕士论文，第 9 页。

行的，这种扩张一方面是大的"点"扩散到小的"点"，另一方面是"点"与"点"之间的连接。点与点之间是有空间距离的，需要由"轴"将不同的点连在一起，在"轴"的形成过程中，轴沿线的交通、动力、通讯、水电等基础设施也都一并建成，轴线形成之后就不再单纯的作为点与点的连接线，而是沿着轴的沿线，人口、产业等的生产要素也开始集中。发展轴多是发达稠密的交通干线或者能源供应线等，轴线让各个点产生了联系，再也不是孤立发展的，而是相互促进、相互补充的密不可分的区域网络。

河北省太行山地区已经有一些零零散散的点，有文化产业园，有国家5A、4A景区、也有较大的企业，而轴线的发展较为缓慢，多年来，受自然条件所限，太行山地区文化产业带整体发展滞后、贫困问题突出，经济发展远远落后于全省平均水平。"山区富不富，关键在道路；公路一通，全局皆活"。在京津冀协同发展，推进京津冀交通一体化的大背景下，太行山高速公路筹划开始建设，这条公路自北向南贯穿太行山区全境。太行山高速公路这条交通干线的建成将直接促进沿轴线的各种资源的聚集，尤其是对加快太行山区农村非物质文化遗产资源和文化旅游资源等的开发将产生极大便利，文化产业发展的各个节点的连接和扩散也变得低成本和高速度。

文化产业带布局战略具有一般的产业布局所没有的特殊性，因此，区域文化产业战略选择不能简单套用现有的产业布局的理论，而是应该借鉴产业布局理论中的成果，从产业布局理论中吸取方法，选择适合于河北省太行山地区文化产业带发展的布局战略，遵循特殊性和普遍性结合的原则，还要保护好当地的生态环境。

第四节　河北太行山文化产业带布局的总体思路和对策

一、总体思路

在未来的发展中，太行山地区的文化产业应该突破现有的产业发展的局限，应以"点—轴布局"模式为主，按照"进园区、分功能、搭平台"的产业空间结构总体思路，依托各个中心城市的产业带动作用和辐射作用，围绕太行山高速公路和在周边交通干线开发、建设，搭建有利于文化产业发展的公共服务平台，促使文化产业带布局向着更为合理、高效的路径发展。

二、具体对策

（一）河北太行山文化产业集群的构建

通过上文的分析，只有集聚才可以产生规模效益，文化产业依托于经济的发展，是在一二产业充分发展的基础上崛起的，只有当一个地区人们的消费水平达到一定程度，文化产业提供的产品和服务才能更多地被当地消化，也只有当一个地区的文化产业集聚到一定程度才能对当地之外的地区产生消费的吸引力，河北省太行山地区文化产业已具备了集群形成的条件，本节将从产业空间集聚、产业关联和产业创新等方面进一步探讨和构建文化产业集群。

1. 河北太行山文化产业集群的空间结构

结合资源、设施、交通、行政界线等情况，对特定的空间进行区域划分，使文化产业达到局部空间集聚，进而完成文化产业集群的空间培育。文化产业集群空间结构是文化产业活动在空间上的投影，它决定着信息、知识、技术等资源的空间流动、文化企业之间的空间关系、消费者的空间移动，对文化资源的配置、文化产业相关的企业的经营成本、区域形象的形成等具有重大影响。为提高河北省太行山地区文化产业的竞争力，基于实现空间集聚、突出资源特色、利于企业互动和促进关系和谐的原则，合理布局文化产业的空间结构。确定文化产业集群功能分区，从而实现文化资源的合理配置、企业间的良好互动，提升河北省太行山地区文化产业的竞争力。

2. 选择河北太行山文化产业集群的增长极

由于太行山地区沿线各地市文化资源禀赋不同，在文化产业集群形成时期不可能均衡发展。因此，需要寻找集群中的经济增长点，然后增长点（级）向外扩散，通过乘数效应带动其他城市乃至整个区域的经济发展。文化产业集群的基础是有相应的文化核心吸引物。河北省太行山地区共有三个5A级景区，分别位于保定涞水县（野三坡景区）、石家庄平山县（西柏坡）、邯郸涉县（娲皇宫），并且这三个5A级景区周围分布着众多4A级景区。保定市涞水县、涞源县、易县正大力打造京西百渡休闲度假区。保定周边拥有涞水踢球、涞水伶伦祭典、高洛音乐会、曲阳擎阁、抬阁、易县摆字龙灯、燕子古乐、易县东韩村拾幡古乐等非物质文化遗产以及曲阳石雕、曲阳泥塑、定瓷传统烧制技艺、易县绞胎陶瓷制作技艺、易水砚等著名传统技艺。保定也是河北省太行山地区文化旅游资源最丰富、平均单体质量最高且最集中的区域，因此可以将京西百渡休闲度假区做为一个大的增长极来培育；石家庄市平山县境内的5A

级景区和4A级景区是石家庄地区最多的，并且各个A级景区之间距离较近，其拥有平山民歌、平山坠子戏、平山王母祭典、井陉拉花、井陉县南良都斗火龙、韩信背水一战的传说、长岗龙母文化、罗庄打铁火、微水武术、梁家鹦𪮁拳、赞皇铁龙灯、赞皇腊八船、灵寿武凡同高跷马、灵寿白马岗村的跑竹马、灵寿慈峪抬阁、元氏乐乐腔、石家庄丝弦众多非物质文化遗产，以及井陉矿区高粱秸秆工艺品、井陉绵河水磨、灵寿青铜器制作工艺等传统技艺，很多非物质文化遗产都与春节有关联，可以开发基于春节等传统节庆的现代节庆活动或者是在当地文化的基础上投资大型实景舞台剧，比如韩信背水一战的传说就是很好的选择；邯郸涉县的娲皇宫是新晋5A级景区，周围也有多个4A级景区，可以作为辐射邯郸和邢台的一个增长极。政府要支持增长极的率先发展，然后发挥增长极的传导机制和动力机制，带动周边地区文化产业的发展，进而实现河北省太行山地区文化产业集群的协调发展。对于增长极的培育，首先，是应在政策上给予优惠，在基础设施和科研经费等方面加大投入，在政策和经济上给予支持，创建优秀的公共服务，建设公平、透明的市场环境，建立良好的信息交流平台，为增长极的进一步发展和辐射效应营造良好的环境。其次，要培养一批高素质的文化产业的专业人才，为文化产业集群的可持续发展提供智力支持。

3. 对河北太行山文化产业进行功能分区

通过太行山东麓的保定、石家庄、邢台、邯郸四大地市，依托太行山各具特色的文化资源类型，其规划开发也要分段打造、重点提炼，结合地理位置的邻近性、交通的通达性、各城市文化旅游资源的差异性和相似性以及河北省文化产业的相关规划等方面因素,最终得到河北省太行山地区产业集群的四个功能分区通过自然、文化、红色、山水四大特色,将太行山的自然与人文资源进行挖掘、规划、提升、推广,最终形成河北省的太行山文化产业空间格局。

第一,以山水太行和乡土艺术为特色的太行山保定段落。以保定北部的涞水、易县、涞源三县为核心,依托野三坡、狼牙山、白石山、清西陵等龙头景区,结合涞水版画、易县清宫传统刺绣、易水砚等传统技艺打造山水文化产业聚集区。南部以阜平、唐县、曲阳三县为核心,结合当地的文化资源以及传统手工艺,尤其是曲阳擎阁、抬阁、曲阳石雕、曲阳泥塑等;依托大茂山、北岳庙等景点,构建以北岳文化为展示、体验的旅游区,打响"中华名山——古北岳"的旅游品牌。该段落要充分发挥野三坡王牌景区的吸引作用,注重清西陵这一人类文化瑰宝的开发,深入挖掘满清文化、风水文化、民俗文化、满族饮食文化、现代影视等文化资源,并与山水休闲游相结合,开发特色旅游线路和特色手工艺品,塑造地区的文化产业品牌,形成该地区独特的文化形象。加强已有文化产品的升级、改造,打造为拳头文化产品,如发展成熟的野三坡山水休闲线,满城汉墓和清西陵的历史民俗文化旅游线;还可以与保定东部旅游区联合;与同样文化旅游资源丰富的山西联合等。根据不同文化背景、不同人群、市场的变化,开发不同的旅游路线和文化产品。该段落有太行山地区最大的文化产业集群的增长极,京西百渡休闲度假区这个增长极的文化产业发展迅速,可以吸引更多的资金、人才、企业等,继而带动周边地区文化产业的发展。这些条件都促进了该区域文化产业集群的发展。

第二，以红色太行和民俗节庆为特色的太行山石家庄段落。本段为太行山最精华的一段，在旅游资源上，红色资源、自然资源、文化资源、温泉资源都非常突出，在非物质文化遗产方面，该地区非物质文化遗产资源众多，且很多都与民俗节庆有关。本段要依托省会中心城市，以温塘镇、西柏坡、苍岩山、嶂石岩等龙头景区为依托，整合天桂山、五岳寨、驼梁等景区，加快"中太行黄金旅游带"的品牌建设，通过精品景区的打造，完善红色文化、山地休闲、温泉度假、乡村休闲、旅游地产等多品类的文化产品，其次要结合本地区的非物质文化遗产资源，在民俗节庆日大力宣传并开展各种民俗节庆活动，吸引消费者到此地休闲娱乐，感受不一样的太行特色活动，借此还可以促进当地的传统手工艺品及其他文化产品的销售，带动当地旅游的发展，实现文化产业的优化升级，打造中太行综合文化旅游、休闲目的地。

第三，以自然太行和民间技艺为特色的太行山邢台段落。本段是太行山嶂石岩地貌最为集中、最具代表性的一段，其次本地区的沙河豆面印花技艺、沙河四匹缯布制作技艺、沙河孔明锁、内丘神码等民间技艺较为集中和多样，且拥有内丘县邢白瓷文化产业园区等。因此，要以嶂石岩地貌为突破点，打造与丹霞山、张家界齐名的"嶂石岩"旅游品牌。加大对太行奇峡群、天河山等龙头景区的建设提升，并整合周边的岐山湖、秦王湖、白云洞、北武当山、紫金山、王硇村等旅游地，大力开发当地的民间技艺，通过建造民间技艺博物馆，打造民间手工艺品交易市场，串联成旅游线路，加大营销推广，扩大市场影响力，利用互联网等新媒体推销当地的民间手工艺品，打响知名度，为当地文化经济创收。

第四，以文化太行和历史为特色的太行山邯郸段。邯郸是国家历史文化名城，是中国唯一一座三千年没有变更名称的城市，其历史文化积淀非常深厚，8000年前孕育了新石器早期的磁山文化；战国邯郸为赵都，魏县为魏都；汉代与洛阳、临淄、南阳、成都共享"五大都会"盛名；汉末曹魏在临漳建都，先后为曹魏、后赵、冉魏、前燕、东魏、北齐都城，邯郸还是中国成语典故之都、太极之乡、指南针的故乡、五大祭祖圣地之一（娲皇宫）等都在这一带，诞生了荀子、蔺相如、毛遂等历史名人。通过重点建设娲皇宫、响堂山、八路军129师司令部旧址、朝阳沟、古武当、长寿村、京娘湖、七步沟等旅游景区，大力推广邯郸的历史文化，尤其是众多的成语典故文化、磁州文化等，唤起消费者的兴趣，构建以文化体验为核心的文化型旅游目的地。

4. 加快河北太行山文化产业园区建设

在西方，学界对文化产业园区的定义大都围绕着以下三个关键词来探讨：一是建筑场所；二是文化活动；三是综合效益。根据德瑞克·韦恩的定义来看，文化产业园区指的是一个特定的地理区位，这一特定地理区位的最大特点是最大限度的集中了某一城市的文化设施与娱乐设施，文化产业园区不仅仅是文化生产和文化消费的结合，也是诸如休闲娱乐、工作、居住等多项使用功能的结合。① 从文化产业园区开发建设的具体模式

---

① 樊盛春、王伟年：《文化产业园区理论问题探讨》，《企业经济》2008年第10期。

来看，可将我国文化产业园区划分为如下三种类型，即资源聚集自发形成模式、依托原有资源提升模式和全新规划建设模式。[1] 河北省太行山地区多是依托原有资源提升模式，因为太行山地区拥有着丰富的文化历史资源，尤其是传统手工艺、文化旅游资源以及非物质文化遗产资源，目前拥有国家级文化产业实验园中国曲阳雕塑文化产业园区一家，省级文化产业示范园区包括内丘县邢白瓷文化产业园区、河北大学科技文化产业园、石家庄国家动漫产业发展基地创业孵化园、内丘县扁鹊文化产业集聚区、磁县历史文化产业园区六家。这种模式的形成有一个基本的条件，就是在集聚区内有可依托的标志性的资源，这是其最大的优势，也是最大的劣势，因为除了当地的资源之外，要想实现产业增值，就需要在衍生类或者相关类产业的拓展上做文章，大力建设其他类型的文化产业园区，可以全新规划产业园区，依托当地特色资源的基础上要集聚有利资源，拓展衍生类或相关类产业，例如开封宋都古城文化产业园，就充分挖掘了宋朝文化在建筑、书法、绘画等领域的文化内涵，鲜明的宋朝文化特色发展多种产业形态，逐步形成了以文化旅游为主，包含文艺演出业、书画工艺美术业、饮食文化业、休闲娱乐业、会展收藏文化业等多种相关产业形态在内的国家级文化产业示范园区。河北省太行山地区文化特点鲜明多样，既有以"狼牙山，英雄山"为代表的"爱国主义文化"，又有以白求恩精神为依托的"志愿奉献文化"，有以革命老区西柏坡为

---

[1] 何一飞:《中国文化产业园区建设问题研究》，长安大学2008年硕士论文，第23页。

象征的"中国梦"文化等等,这些都可以作为一个中心点向外发射,即可以打造以此为中心的产业园区,拓展手工艺品、书画美术业、饮食文化、文艺演出类等等。

总体来说,全新规划建设模式的集聚区在规划发展过程中要注意以下问题:第一,对现有的产业基础和区域资源环境要有准确地把握。第二,在建设集聚区之前必须充分论证。论证可以从四个方面进行展开:需求分析、生产要素分析、环境状况分析、相关产业状况分析。只有在充分论证的基础进行规划和发展集聚区,政府行为才能有效,也才能真正地促进集聚区的发展。第三,要注重发挥市场机制的作用,根据市场发展需求,加强宏观规划引导。[①] 这种模式多以政府为主导,企业为辅,还要参考高校、科研机构等社会机构的意见,因必须认识到,一个产业从起步到形成优势,需要花费漫长的时间,所以不可以急功近利,要科学周密调研、实施还要在这其中不断接受反馈、不断修正。

(二) 河北太行山文化产业链的构建

1. 基于产业融合构建文化产业链

与一般制造业产业链不同的是,文化产业链上的节点之间不是前后关联的线性关系,而是以旅游景点景区、文化产业园区和手工艺品企业、文化休闲娱乐场所等文化企业为核心,与文化相关企业加以辅助,以文化产业基础设施、政府管理部门、文化产业的行业协会、相关院校、咨询机构等为支持和服务构

---

① 何一飞:《中国文化产业园区建设问题研究》,长安大学 2008 年硕士论文,第 25—26 页。

成的文化产业集群。文化产业链的形成及发展,可以使节点上的企业降低交易成本,获得经济效益。文化企业、相关产业部门及支撑和服务机构的动态关联影响着文化产业的资源整合能力、创新能力和文化产业优化调整等。构建和培育文化产业链,发挥其规模效应和互动效应,从而取得最大经济效益;同时,构建产业链也是文化产业集群培育和发展具体内容和内涵的深化。文化产业在内外因素的影响下,打破行业隔阂,融合或延伸到彼此的产业活动领域,使得文化产业的产业链和价值链整合、重组与创新,最终形成文化产业价值链。

(1)纵向产业链延伸

从产业链的纵向来看,文化产业已经形成了上游环节的文化资源规划、开发、创意的形成,中游环节的文化产品和服务的制作、运营、品牌包装与公关营销,下游环节的文化服务供应。包含的企业主要有:上游的文化产业规划公司、文化产业原材料供应企业、文化类商品制造企业、科研机构等;中游的文化产业运营商,如大型旅行社、影视广告策划公司、咨询媒体等;下游的服务供应商,如文化旅游景区、交通、酒店餐饮、纪念品商店、娱乐休闲场所、基础设施、文化产业行政管理机构、文化产业行业协会、文化产业培训机构等。

上游应深挖文化内容生产力,内容是提升文化产业核心竞争力的基石,太行山地区拥有众多的文化资源,无论是文化旅游、手工艺品还是非物质文化遗产都极具特色和丰富多彩,但不是拥有一个传说或者一处遗址就可以具有长久的吸引力,对地方自然景观、历史景观、名人资源的粗放式开发和希望通过门票收入、周边土地增值以房地产开发的方式收益也只能是权宜之计，不能可持续发展，因此还需要持续不断地对内容进行更新和创新，凸显出特色，将内容的价值挖掘做到极致。上游的内容打好基础之后，中游和下游产业链的延展才可以水到渠成。比如邯郸的成语典故文化，邯郸被誉为中国成语典故之都，完璧归赵、毛遂自荐、邯郸学步、纸上谈兵等诸多脍炙人口的成语典故均源自这里，在目前已知的5000多条汉语成语中，至少有1500余条直接或间接与邯郸有关。对于成语典故文化不能停留在对成语典故的故事的挖掘，还应开发相关故事的发生地、相关的人物故居等，2013年，河北省投资规模最大的文化产业类项目——中华成语文化园正式落户邯郸市，中华成语文化园是河北省与香港文汇报合作建设的文化产业项目，双方于2012年9月份签约，项目占地2800亩，总投资278亿元。主要将建设中华成语博物馆、邯郸古郡风情小镇、成语文化博览体验中心、成语主题群落式度假酒店、文化商业广场、大型主题乐园等，力争将其打造成为世界华人成语文化寻根乐园和全球知名的文化旅游目的地。不仅有中华成语文化产业园，还有与成语典故相关的邯郸成语典故苑、邯郸道之回车巷，将这些串联起来，就可以对内容的挖掘做到深层次的挖掘，这样不仅在深度上做足了文章，在广度上也可以让消费者感觉到有更多可以消费和体验的空间，让内容的价值发挥到最大限度。2015年中央电视台的《中国成语大会》节目就在邯郸实地录制，同时还举办了中国·邯郸成语文化周活动等，邯郸的成语文化再次在全国打响。

中游精心打磨制作、包装。完美的设计和专业的制作是将文化转化为现实文化产品并实现赢利的中间纽带环节。包装设

第五章 河北太行山文化产业带的布局策略

计是产品进行市场推广的重要组成部分,包装的好坏对产品的销售起着非常重要的作用。品牌包装设计需要从商标、图案、色彩、造型、材料等构成要素入手,在考虑商品特性的基础上,遵循品牌设计的一些基本原则,如保护商品、美化商品、方便使用等,还要兼顾地方性、实用性、艺术性等,使各项设计要素协调搭配,相得益彰,以取得最佳的包装设计方案。包装也是品牌理念、产品特性、消费心理的综合反映,它直接影响到消费者的购买欲。产品的包装被称为"无言的推销员",是品牌视觉形象设计的一个重要部分。文化产业更是一样,文化产品中蕴含的文化意味更需要通过设计制作和包装体现出来才能让消费者感受到产品的独特性和文化价值等,太行山地区的文化产业在深挖内容的基础上要注重中游环节的一系列操作。以保定易县的易水砚为例,在设计上精益求精,设计主要是砚雕的构图设想和主题立意。制砚师以料构思、因石定型,巧妙利用砚石上的天然石眼和俏色,把砚的蓝图勾勒出来。除了传统砚形砚式外,还要充分利用天然石皮,汇集文学、历史、绘画、书法、金石于一体,可以说是将砚升华为一种综合性艺术品的重要环节;在制作环节上严格把关,易水砚的雕刻是砚制作过程中极其重要的工序。要使一块天然朴实的砚石,成为一件精美的工艺品,就需要创作设计和雕刻的过程。雕刻匠人要对砚质因材施艺,因石构图,还要根据砚质的石品,去粗存精,认真构思,并考虑题材、立意、构图、形制以及雕刻技法如刀法、刀路。雕刻易水砚要总体布局,主题突出,有条不紊。易水砚雕刻技法和刀法要灵活运用,多以深刀雕刻为主,适当穿插浅雕和细雕,对比鲜明,效果明显。有深、浅、阴、阳、透、镂等雕刻技法综合运用，力求画面更丰富生动、主题鲜明深刻；在包装上，易砚雕刻制作完毕后，塑封包装后，还要配上漂亮的盒子、中密度板锦盒、布制或纸质提袋。珍贵的易砚通常选用紫檀、花梨、楠木等名贵木材制作的精美木盒装帧，木盒根据砚台量身定做，使砚秀外慧中，身价倍增；在品牌打造上，随着人们文化交流的深入发展和品牌意识的增强，易水砚完工后往往还要刻写砚名、诗文、商标等，而且这道工序对师傅的专业技能要求很高。制砚师先完成成品，然后将铭文刻写于砚底、砚侧或砚背、刻写完成后还要烫金、敷彩、封蜡等。名人所拟的铭文镌刻于名砚之上，可大幅度提高砚的品位和价值，收藏的升值潜力亦会与日俱增；在公关营销上，河北易水砚有限责任公司的产品经常参加国家级、省级比赛并多次获奖，易水砚还被作为国礼多次赠与外国总统和友人，中华腾龙砚还被载入了吉尼斯纪录，使得易水砚的知名度和美誉度大大提高。

下游注重服务和体验。文化产业无论是其提供的产品或者服务都是要销售出去卖给消费者，那么消费者的体验和感受将是衡量一个产品或者一种服务是否成功的重要标准。因此文化产业的成功要借助各种渠道将文化产业的产品或者服务传达给消费者，激发消费者参与、消费的欲望，还要一切以消费者为中心，提供无微不至的服务，满足消费者的需求，提升消费者的体验。文化产业一个重要的特征是要满足消费者的精神方面的需求，消费者购买一个文化产品，到一个地方旅游更多的感受蕴含在其中的历史、文化等，体验一种与众不同的文化意义，达到感官的愉悦和心理的满足，因此文化产业要在这些方面下功夫。无论是动漫演出、影视开发、主题公园、实景舞台剧还是书刊发行、会展、活动举办等各种形式的文化产业服务和体验都将延伸产业链,使得文化产业的价值不断增值。以狼牙山的山花节为例,自2010年4月10日,由中共易县县委、易县人民政府主办,易县县委宣传部、易县旅游文物管理局、易县狼牙山镇党委、政府,河北中凯集团旅游开发有限公司承办的易县第一届"狼牙山·山花节"在旅游胜地狼牙山正式拉开帷幕,至2016年,山花节已举办七届,活动时间大致为期一个月,自4月10日开始至5月10日结束,举办"狼牙山·山花节"让广大游客在接受爱国主义教育的同时尽享狼牙山春季山花视觉盛宴,感受狼牙山红色之魂和绿色之韵。活动期间还举办以"爱在山花烂漫时"为主题的大型交友活动,以2800多年历史的古柏为载体的"狼牙山·千年祈福大会"及"山民寻宝"等活动,配以每个周末举办的篝火、歌舞等晚会,以及狼牙山登山节、露营时尚音乐节等主题活动,多方面的将狼牙山的资源开发呈现,满足消费者的不同需求,让消费者不仅参与一次文化旅游,更是感受到一场视觉盛宴,休闲和娱乐的体验大大提升。

通过上、中、下游的文化产业的各个企业纵向延伸以及产业链上的企业根据自身特色,发展出子链条,实现产业链纵向延伸。如一些大型旅行社也进行旅游线路开发,通过与旅游景区、旅游饭店合作或自身投资建设景区、饭店、旅游汽车公司来延伸产业链;一些大型酒店为了降低成本和保证质量,自己生产原材料或为了满足消费者的多样化需求,除了食、住以外,也提供休闲娱乐的场所,这样就逐渐形成了自身的产业链条。

(2) 横向产业链整合和扩张

横向产业链整合和扩张即文化产业链上的上、中、下游企业通过横向合并或建立行业联盟，从而扩大经营规模或形成子产业链。将河北省太行山地区文化产业链中的食、住、行、游、购、娱六大部门横向的"对接"，或某一类企业之间兼并或重组，来拓宽文化产业链。如旅游景区兼并旅游饭店、旅游景区、旅游汽车公司等其他旅游相关企业，或不同类型的酒店餐饮公司之间的合作等。

文化产业具有延展性、关联性和超强的综合性，涉及与不同产业的横向、纵向合作，如旅游产业、出版传媒、影视、会展、动漫游戏、文艺演出、体育、休闲娱乐产业、艺术产业等，而这些产业自身又可以衍生出新的商品市场，因而文化产业在跨行业、跨领域的横向扩张上有很大的发展空间。如利用视频网络、微博等对新文化产品体验进行互动式交流，进而改进产品；通过文化类商品与制造业进行融合；文化产业与影视对接，建设一些影视基地，发展影视旅游；文化产业与重大和知名度高的节庆和会展活动相融合，凭借节事活动的影响力，推动文化产业的发展。除此之外，文化产业还与其他部门机构衔接配合，包括政府、投资者、产业管理者、教育科研、产品设计和开发、基础设施等，因此要大力发展文化产业投资服务、信息服务、广告服务、研究咨询、人才培训等中介性组织。可见文化产业涉及众多行业，因此，要建立合理的利益分配机制和协作管理机制，行政管理部门加强监督和指导，保证产业链上各企业之间建立长期的、和谐的战略联盟关系，充分调动各方资源，充分发挥协同效应，提升管理水平，促进产业创新。

(三) 文化产业公共服务平台的构建

文化产业公共服务平台建设要立足区域经济可持续发展需求，通过搭建、整合、优化和完善创意产业生态链各环节的资源和服务，组织新型文化作品开发联盟，为文化产业活动提供条件支撑和专业服务，使个人、企业、中介服务机构、行业协会、科研院所、政府在市场和政策制度等要素中扮演充分互动的角色，实现成果、人才、资本、产业的有机结合，加速文化的产业化和产业的文化化。[①] 文化产业公共服务平台要实现文化产业运行系统中所及的不同层次参与主体的信息沟通，满足各参与主体的需求，实现相关行业的信息沟通和协作，提高对文化产业规划和管理的科学性，降低运营成本和创新风险，不断提高整体文化产业的竞争力和可持续发展能力。

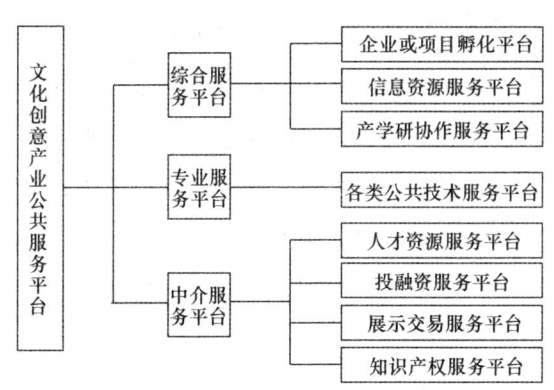

图 5-1 文化创意产业公共服务平台构成[②]

---

① 周缨:《基于生态链的创意产业公共服务研究》，复旦大学 2008 年硕士论文，第 78 页。
② 程正中:《文化创意产业公共服务平台研究》，《企业活力》2008 年第 1 期。

1. 综合服务平台提供关键性支持与良好的环境

创意孵化和产学研协作是文化产业蓬勃发展的两个最基本的条件，也是公共服务平台其他功能正常运行的重要保障。而信息资源服务则是无时无刻不穿插在其中进行各项任务连接的纽带，信息是决策的基础，是一切经济行动的前提，要掌握足够多的信息才能做出明确的判断、投资，才能把握前进的方向。

创意孵化过程一般包括形成点子、创作作品与产品开发三个阶段。其中，很多关键环节都需公共服务平台的支持。[①] 在点子形成时期需要相关需求的刺激、灵感的激发环境以及对于点子的评估、更正等，这时候既需要公共服务平台提供高效的服务和引导，如将市场需求、最新动态、政策解读等汇总传达，吸引相关的高校、各种机构等关注重视，建立协同机制等引导人员交流互动、合作开发，对于一些前沿动态对文化产业的相关人员进行培训指导，促成点子的形成，对点子进行评估、把关等。在创作作品阶段，需要一批专业的人才、技术和设备场地等，公共服务平台要及时筹措资金，联合本地区的银行信贷、金融机构等在资金上给予支持，还要减少行政审批程序大力给予各方面的物质支持，为创作作品营造一个良好的氛围和环境，对于作品也要随时抽查和评估，不断促成作品向着更高的方向发展。在产品开发阶段，需要更为完善的协同机制来促成产品的开发，还需要实施多元化投资战略，形成国资、民资、合资共进并举的发展格局，要鼓励和引导社会资本进入文化产业，

[①] 赵继新、楚江江：《北京文化创意产业公共服务平台构建研究》，《北方工业大学学报》2011年第2期。

适度放开外资准入门槛，提高融资的效率，还要提供大型、昂贵的设备以及为产品孵化、衍生产品的开发等产业化的投入生产提供支持和信息服务。产学研平台的构建则需要高校、科研机构、实践基地等多方的沟通与协作。以上海市研发公共服务平台为例，这个平台是我国第一个综合性的研发公共服务平台。平台以"共建、共享、协作、服务"为核心目标，遵循"政府扶持与市场导向结合，区域需求与国家布局结合，统筹规划与分步实施结合"的原则，是国家科技创新体系和国家科技基础条件平台的重要组成部分。目前，该平台已设有30余个与创意产业有关的子平台，比较有影响力的子平台有上海浦东软件平台有限公司、上海纺织研发公共服务平台、软件技术专业协同服务平台、上海动漫研发公共服务平台、中小企业互动娱乐服务公共营运孵化平台、上海互动媒体专业技术服务平台等。这些子平台共同构成了创意产业专业性公共服务平台，为创意产业提供全生命周期的支持，承担了"研发、孵化、营销、融合"四大主体功能和"信息供给、资本援助、政策支持、产权保护、创意评估"五大支持功能。[1]河北省太行山地区的石家庄、保定、邯郸、邢台等几个城市高校众多，相关的科研机构也种类繁多，要充分利用这些人才、科技、设备等资源。公共服务平台要多联合这些高校、科研机构及其相关的文化产业基地等，与他们合作将他们都纳入信息库中，帮助他们进行文化产品的孵化。

---

[1] 刘寿吉、戴伟辉、周缨：《创意产业的生态群落模式及专业性公共服务平台研究》，《科技进步与对策》2009年第17期。

2. 各类公共技术服务平台促成成果转化

公共服务平台不仅要有综合型的服务还需要有一些公共技术服务平台，尤其是文化产业重体验重效果的特色决定了对于技术的需求很高，例如 VR（虚拟现实）、高端音视频编辑、演播室、多媒体设备等都是较为常用的基础设施，应该大力的建设，再比如一些评估、测试平台也是大多数企业需要，这就需要根据当地的文化产业的集中特色建构相关的公共服务平台，促成成果的转化。企业应成为技术应用、成果转化等专业服务平台的依托主体。高等院校和科研机构应成为知识和技术支持服务的主体。比如河北大学的国家动漫产业发展（保定基地）于 2007 年 4 月 3 日成立，办公面积 1500 多平方米，已完成投资 600 多万元，各种图形工作站设备 260 余台（套），基地现有正式员工 52 人，可容纳 300 多人在此实习实践。河北大学紧紧依托自身立体多元的文化资源、完整的学科人才支撑体系、丰富的设备设施条件、大力挖掘和科学整合文化资源，经过几年的发展，已经培养了一支有经验、有技术的专业队伍，创造出一批质量较高的动漫作品和影视作品，同时帮助培育了一批地方高校的动漫专业和文化相关企业以及动漫机构，扶持了一批有较大发展潜力的文化企业，也为众多文化创意企业和从业人员提供了展示作品、宣传形象、找求合作商机、与国内外业界人士交流研讨的平台。

3. 中介服务平台提供集成纽带

人才、资金、知识产权、展示交易这些环节是文化产业纵深发展主要的几项因素，人才是最活跃的因素，资金是保障，知识产权是法律保障，展示交易是推销手段，公共服务平台的搭建要做好这些中介服务，中介服务是文化产业集成的纽带，由于文化产业的组织形态常常不稳定、生产要素也很分散，从事文化产业的艺术家对其作品的市场需求往往缺乏感悟力和预见力，而一般企业对于文化类作品的潜在价值又缺少专业性的判断能力，使得文化产业生态的形成相对于其他产业而言较为困难。它迫切需要公共服务平台为其提供"桥梁"与"纽带"，并大力培养熟悉创意产业市场化运作的专业人才。因此公共服务平台在这方面需要做的地方还有很多。

（1）加大人才培养和引进力度

文化产业是人才密集型产业，需要一定规模的具备复合能力和创新精神的人才队伍。但从河北省太行山地区文化产业从业者素质来看，符合上述要求，具备文化产业职业素质的专业人才还是比较稀缺的。要多渠道、多角度地培养文化与经营复合型人才，尤其是擅长网络等多媒体文化服务、融合文化资本运营管理与文化艺术商务代理等多方面知识的优秀人才。在人才培养方面，河北省文化产业发展需要一批这样的高素质人才。具体培养措施包括：对现有文化企业管理层的培养，在高校内开设相关学科的专业培训机构，经济管理专业应适当增加文化方面的课程。文化艺术院校适当增加经济类课程，培养适应社会的复合型的文化产业人才。另一方面引进国内外的优秀人才，一要充分利用与发掘河北省的文化底蕴，以丰富的文化内涵吸引人才，以宽松的政策环境鼓励人才创新，加强与优秀高校及国内外文化培训机构的合作交流。同时，要完善文化产业经营管理人才的激励机制、竞争机制与约束机制。文化产业人才市场，为文化产业的发展提供人才保障，为提高河北省太行山文化产业的市场竞争力及文化产业今后的快速发展提供可靠的人才保障。

(2) 加大知识产权的保护

随着文化产业经济逐渐进入全球经济的中心舞台，知识产权保护成为几乎所有知识经济活动中的重要因素，尤其对文化产业而言，知识产权保护不仅使创作者、权利人的合法权益得到保障，更是创意灵感产生，文化生产力转换，文化产业经济价值和社会价值实现的基础，构建起地区文化产业核心竞争力的重要组成部分。对于公共服务平台的知识产权保护，首先政府的知识产权保护重点在于进一步健全和完善知识产权相关法律法规，一方面应简化相应的司法程序，降低个人、企业的知识产权开发和保护成本，另一方面，加大处罚力度，增加侵权者的侵权成本。此外，还应通过加强知识产权管理机构建设，组织对管理、执法队伍人员的专业培训，以提高其素质和效率。由于创意作品的开发和产品生产阶段是较容易发生侵权行为的阶段，因此，要加大执法的力度，力求将违法行为控制在萌芽阶段。另一方面文化企业要提高知识产权意识，尊重他人的知识产权的同时对于自己的商标、专利要积极申请，对于衍生产品的专利也要及时申请。公共服务平台要不断完善相应的知识产权信息平台，向创作个人或企业提供包括专利、已登记著作权索引在内的各类知识产权信息。一方面可使创作者了解与其创作相关的已有作品、技术发明的知识产权情况，对自身创作的新颖性有一个比较客观的认识，同时也使创作者能够通过各种合法渠道，在不侵犯他人知识产权的前提下，以借鉴、合理使用等方式将他人作品、专利中的思想与技术同自己的创意进行结合,并最终获得有自主知识产权的创意作品(产品)或技术发明。同时,信息平台还为个人或企业及时掌握本行业技术变化和发展趋势提供便利。① 对于文化产业知识产权的保护不仅限于政府出台知识产权保护的相关法律法规,更重要的是还要能为文化企业提供富有成效的法律援助服务,切实维护企业的利益。

---

① 杜捷:《创意产业的知识产权保护研究》,华东师范大学2008年硕士论文,第35页。

第六章 河北太行山文化产业带构建与发展的解决方案

河北太行山文化产业带作为贯穿河北省四个市、25个县区的文化产业带,为河北太行山脱贫致富做出重大贡献的同时,也可能面临诸多问题,这些问题的解决需要相关企业、行业协会和政府的全力配合,各方共同努力构建出系统化的解决方案。

第一节 微观视角——企业:整合资源战略导向

一、利用产业集群效应,避免不当竞争

产业集群效应是指集中于一定区域内特定产业的众多具有分工合作关系的不同规模等级的企业与其发展有关的各种机构,组织等行为主体,通过纵横交错的网络关系紧密联系在一起的空间聚体,代表着介于市场和等级制之间的一种新的空间经济组织形式。[1]

产业集群是在现有的产业结构基础上进行进一步的优化升级,这样可以提高生产效率、充分利用资源、避免浪费。地域

---

[1] 郑军、史建民、杨晓杰:《产业集群:生态农业发展新思路》,《农业现代化研究》2010年第1期。

上的临近可以降低运输成本并进一步细化分工。产业集群能够吸引更多相关产业到此聚集，扩大影响力。此外，产业集群可以促进产品创新，为了在同行中赢得更多消费者的青睐，每个商家都会极尽所能让自己的产品更优质，力求达到"人无我有，人有我优，人有我转"的目的，各种创新产品必然层出不穷。

但产业集聚必然带来同行间的竞争，作为企业要提高警惕，树立避免不当竞争的意识，加强沟通，协调行动，坚决抵制恶意低价的行为，并邀请行业协会随时监督，调整市场价格，使产业集聚发挥出最大的功效。

二、开阔视野，着眼长远发展

太行山地区旧有的文化产品多而不精，大部分有着悠久的历史却不为现代人所看好，导致大批民间文化产业面临着发展的困境，甚至难以为继。这就要求太行山文化产业带上的企业要开阔视野，将原有传统技艺与现代元素相结合，走出一村、一镇的束缚，摆脱前人留下的历史痕迹过重的传统样板，制作出有创意、满足现代审美、符合现代人生活需要的产品。这就要求资金和人才的双重保障，同时，也只有传统文化焕发新活力才会有更多资金和人才的流入。

2016年，河北省首届旅发大会在保定市召开，这一盛会不仅在河北省是首次召开，也吸引了全国人民的目光，河北省旅游资源丰富，在此之前却没有得到充分的重视，随着人民生活水平的提高和对精神生活的追求，越来越多的人在闲暇时间选择携家带口进行周边游或自驾游，这就为旅游业的发展提供了坚实基础，同时也使旅游成为一种生活方式。对于当地经济发展来说，旅游业就成为了增收的重要来源。

自2015年年底以来，仅仅9个月时间，保定市和涞水、易县、涞源三县干部群众竭尽全力，市场主体积极踊跃参与，京西百渡休闲度假区在各界的共同努力下发生了翻天覆地的新变化：完善和新修风景道206公里，串连起"涞易涞"6600多平方公里全域文化产业带；新建文化产业项目87个，以新业态引领创造全产业链有效供给；同时打造文化产业专业村64个，以创新的路径方法摆脱贫困，依靠自身自然和区位优势创造新的经济增长点。保定市此举就是县区合作，开阔视野，着眼未来的明智之举。对整个太行山文化产业带的建设大有借鉴意义。

三、培育文化创新新型业态，鼓励民俗文化与高科技融合发展

民俗文化的形成最初都是为了服务日常生活的，时间久了才逐渐演变成凝聚智慧的民间文化，现代生活中，已经有大量的技术和资源可以替代传统民俗，要想使传统民俗仍然具有生命力，就要将河北太行山地区传统的民俗文化因素与高新技术、民俗表演、音乐制造、手工艺品设计以及服装配饰生产等相结合，大力推进文化创意和设计与相关新兴产业融合发展。依靠太行山地区多元化的文化艺术、文化资源，持续提高地方特色浓郁的创意设计能力，提升特色文化产品的创意设计水准。大力支持太行山沿线具备条件的地区积极挖掘优秀文化传统和地方特色文化，积极推进文化与科技的融合创新，大力发展动漫、电影、网络游戏、高新演艺、文化电子商务和增值服务等新兴

行业。

四、延伸产业链条，满足游客多方位需求

要深层次开发文化产业带，延长产业链条，形成"吃、住、行、游、购、娱"文化产业带"六要素"为一体的完整的文化产业带经济运作体系，为游客提供全方位的感官享受，在放松身心的同时体会历史文化的熏陶，欣赏自然风景的同时减少体力上的支出，太行山文化产业带应该力求做到涵盖人文、观光、休闲、娱乐等多个领域，综合地、全方位地满足游客的个性化需求，延伸游客在景区的驻留时间，这样才能拉长游客消费链，把文化产业带周边市场与交通运输市场、文化产品市场、餐饮服务市场等结合起来，通过文化产业带的发展带动相关产业和部门的发展，提高文化产业带的整体产出水平和效益。太行山文化产业带的产业链延伸可分为以下几个方面：

（一）建设文化产业带配套设施

文化产业带和旅游区的发展方向和目的不同，但在具体的细节操作上有相似之处。要完善个别景区的综合服务功能，做好餐饮、住宿、购物、卫生等基础服务设施的建设，改变目前景区住宿接待设施较少和整体旅馆档次较差的状况。甚至可以动员当地居民，可在自家就地开展"农家乐"项目，将一部分房间作为农家饭店来经营，让游客做到吃在农家、住在农家、娱在农家，感受原汁原味的民俗风土人情，着重突出老区特色。另外，在各个景区的连接上要加强交通线建设，太行山地区与平原最大的区别就是交通不便，景区沿山脉分布，有些特色景区不足够游览一整天,这时就需要有方便的大巴或游览车可以让游客方便地到达临近景区。这样的交通设施需要考虑每个地点的游览时间,包括与周围景点的联系情况。这也是目前基础设置中缺少的。

(二)扩大文化产业带购物消费

文化产业带纪念品是体验经济的延伸和物化,也是游客在文化产业带消费需求的一部分。要加强太行山文化产业带相关旅游纪念品的设计研发,按照特色化、系列化、标准化和规范化的要求精心设计,推出以革命圣地、领袖人物、革命文物、历史事件等为主题的文化产业带纪念品系列,形成具有文化内涵和地方特色的文化产业带特色商品。这里需要注意的问题是,突出不同景区的特色,我们通常会发现小范围内的景区所出售的纪念品基本相同,错过了一个地方到下一个地方买也可以。这就会使产品滞销,失去价值,纪念品研发团队要极力避免这种情况,即使再小的景区也有自己的特色,纪念品的价值就是彰显特色,留作纪念。所以研发团队应该在纪念品上增添特色,以这些特色纪念品为主打款,搭配特色欠佳而大众消费较多的大众纪念品。

(三)挖掘饮食文化

借助太行山的品牌优势,深度发掘和整理太行山的餐饮文化,做好太行山文化特色菜肴和食品的开发,并根据市场需求推进产业化经营。

根据国家相关文件,太行山产业带在河北境内包括25个县(市、区),这些地区全部都是有着悠久历史的区县,每个地方都有其特色饮食,也是承载着传说或美好寓意的饮食文化,在当地人看来也许很一般,但在外地游客眼中应该会是极具特色的地方饮食。但目前来说,饮食文化的开发还相对落后。

比较典型的自然特产例如赞皇大枣。河北省赞皇县的原生大枣在河北省范围内可谓尽人皆知,但在全国范围内还不属于"响当当"的产品,类似这样的特产我们就需要加大宣传力度,通过产业带带动,同时也可以助力产业带的发展。赞皇原生大枣是中国目前公认的唯一的"自然三倍体"品种。为历代皇家贡枣,果实口感绵密,可谓个大、核小、皮薄、肉厚,营养价值丰富,被誉为"天然维生素之王"。

据资料记载,赞皇大枣早在元代就被栽培,明代种植范围更广,清代到现在以来,赞皇县几乎家家有枣树,枣树也成为最重要的木本作物。相传,赞皇大枣第一村——大河道村有一株明万历年间的古枣树,像这样历经风霜的枣树不止一棵,在阳泽乡任家洞村也还留有千年以上的枣树数株。明代典籍《独异录》中记载:唐武帝李炎在位时,宰相李德裕是赞皇人,他曾将赞皇大枣调羹后进献于皇帝,武帝也认为其羹汤强身健体、延年益寿的作用明显。因此,赞皇大枣曾在很长一段时间被奉为宫廷佳品。

这样的历史故事为赞皇大枣披上了神秘而厚重的历史外衣,在宣传时,不仅可以讲述大枣本身的质优,还可以加入历史的烘托。赞皇县大枣的产业化经营也在很早以前就开始了,当地人积极加强与外地的区域合作。新疆的自然地理条件对大枣的生长十分有利,当地政府瞅准时机,于2007年在新疆阿克苏市成立了赞皇县人民政府驻新疆办事处,在新疆培育新一代赞皇大枣，同时也以枣为纽带，加强了两地其他方面的交流与合作，包括红枣销售、果树管理、苗木供销、劳务输出等。甚至将新疆作为赞皇大枣的第二故乡，为赞皇大枣实现异地生产，扩大影响，实现两地经济共赢奠定了坚实基础。

此外，赞皇县还成立了农民合作服务组织：赞皇大枣协会，将分散的种植户组织起来，为赞皇枣农走向市场提供条件和渠道，利用共同的智慧和力量为赞皇的枣园建设出谋划策。全县共有800余家的蜜枣个体加工户，他们联合组成六家专业生产合作社，以荣康枣业合作社为代表，这些专业合作组织积极申请QS9000标准认证，统一包装和生产标准，向工业化生产靠拢，直接加快了赞皇蜜枣产业升级换代的步伐。截至2010年，全县有62家蜜枣加工企业取得食品生产许可证（QS认证），年加工能力达到6万吨，实现无公害果品产地环境认证43万亩，并在鲜枣销售的基础上推出了加工枣制品：干枣、红枣、阿胶红枣、广式蜜枣、金丝蜜枣、枣酒等一系列产品，这些产品不仅在全国范围内销售，还被出口到新加坡、马来西亚、韩国、日本等周边国家，深受世界各地人民青睐。

五、实施宣传促销，提高太行山文化产业带品牌的市场影响力

文化产业带的形成会加强沿线品牌优势，但也易走入同质化陷阱，为了扬长避短，太行山文化产业带需要加强宣传，尤其是特色宣传，强调与众不同的文化和风俗。通过宣传促销，以扩大和强化其市场影响力。太行山文化产业带的宣传促销要注意遵循两个原则：

第六章 河北太行山文化产业带构建与发展的解决方案

(一) 整体促销原则

1. 主题促销。利用特殊节日和纪念活动,积极开展一系列以太行山文化产业带为主题的宣传活动等。

2. 媒体促销。充分利用各种媒体的力量,通过报纸、电视文艺演出、电视综艺节目、电视知识竞赛、专题电视风光、电视纪录片、文化产业带网站等形式来宣传促销。

3. 契机促销。走出去积极参加各种旅博会、民俗博览会和旅游发展大会等;与京津冀和山西等地区举办的展览、演艺和节庆活动相结合,并将太行山产业带的特色产业融入这些活动。

4. 渠道促销。按照互惠互利的原则,加强与各旅行社和酒店的合作,发挥旅行社的带动作用和影响力,通过将太行山一带的旅游资源并入旅行社的出行线路来进一步扩大影响力。

5. 国外促销。积极融入国际市场,加强对外推广,把握好宣传尺度,强化中华文化对国际友人的吸引力,例如太行山一带典型的中国的革命战争和传奇的革命历程等,这样的历程独一无二且具有极高的教育意义,也可以开辟一方广阔的市场天地。

未来太行山文化产业带的建设应该进一步顺应全国文化产业带联动互促发展的大趋势,与其他区域加强合作,从更广阔的视角谋划相关产业的发展。这种联动互促可以是多方面的,既包括以景区组合宣传为主要内容的推广和设计,也应该在各种纪念日和特殊节日缅怀历史,加强节日的主题活动规模。力争做到既要突出历史文化主题,又要突破历史的局限，增加绿色环保、现代科技和人文教育等内容，形成色彩斑斓的文化产品组合，满足不同消费者的个性化和多样化的文化市场需求，打造对游客具有吸引力、具有一定规模的文化产业带。

(二) 实施太行山产业带概念景区和其他红色文化产业带景区间的组合促销

1. 与河北省其他文化资源整合。太行山地区文化产业带的文化资源除了作为革命圣地的太行山外，还有抗日战争时期的梅花惨案纪念馆、灵寿抗大二分校纪念馆、正定高平地道战遗址、陈庄歼灭战纪念碑、石家庄劳工集中营蒙难同胞纪念碑和百团大战指挥所等；解放战争时期的解放石家庄纪念碑、华北人民政府旧址、中国人民银行旧址纪念馆、中央人民广播电台遗址、华北军区烈士陵园等。这些红色文化资源可与太行山联接整合成石家庄市红色文化产业带线路，以太行山为龙头带动其他红色文化资源的文化产业带开发与运营，推动石家庄市太行山产业带的发展。

2. 与河北省内其他红色文化产业带景区的红红整合。河北省除了在历史上发生过很多传奇故事，也有着丰富的红色文化资源。国家红色文化产业带发展规划纲要中精选的 100 个红色文化经典景区中，河北省就占有 8 处，30 条精品线路中河北省就有 4 条，河北省的红色文化产业带应以石家庄为中心，形成以太行山"开国文化游"为主体、以保定"抗战文化游"为辅助、以省内其他市红色文化游为补充的多样化组合的文化产业带线路格局，如狼牙山——冉庄——白洋淀等。

3. 与京津和外省著名红色文化产业带景区的红红整合。加强与红色文化产业带资源丰富的省份进行跨区域协作，打造跨省域整合的概念性文化产业带线路，联手开展红色文化产业带推介和策划会，在不同地区和不同市场进行联合宣传促销，以共享促销资源和共同开拓客源市场，并合力提升红色文化产业带在全国市场的影响力。重点应放在与韶山、井冈山、遵义和延安的红色文化产业带景区的组合促销，实现五大革命圣地的红色文化产业带的联动互促，联手打造中国红色文化产业带品牌。

（三）实施太行山红色文化产业带概念景区与周边景区之间的组合促销

石家庄的文化产品包括四大系列：红色文化产业、绿色文化产业、古文化产业和新都市文化产业，简称"红、绿、古、新"。"红"是指具有革命历史的红色景区；"绿"是指石家庄境内太行山一线的绿色景区，包括天桂山、苍岩山、嶂石岩、抱犊寨、驼梁山、五岳寨、蟠龙湖、清凉山、仙台山、温塘度假区、东方巨龟苑等；"古"是指古文化资源，包括隆兴寺、赵州桥、柏林寺、毗卢寺、伏羲台、秦皇古驿道、古中山国遗址等；"新"是指新都市文化产业带，即以市区为核心的都市观光，包括民心河、植物园和天山海世界等。

对本地文化产业市场而言，太行山文化产业带并没有明显的特征，但对全省乃至全国文化产业带市场而言，太行山地区无疑是河北省最有市场号召力的文化产业带资源。要把太行山文化产业带资源与周边的"绿、古、新"文化产业带资源整合起来，发挥太行山红色文化产业带的品牌优势，通过以红色带"绿、古、新"和以"绿、古、新"来补充和充实红色的内涵，以太行山红色文化产业带资源为核心，形成太行山红色文化产业带概念景区与周边绿色及人文景区之间的组合促销格局。具体文化产业带线路可根据游客需求来组合。

第二节 中观角度——行业协会：做好桥梁纽带

一、积极发挥行业协会的作用

行业协会是一种社会中介组织，一般是介于政府、企业之间，发挥着桥梁和纽带的功能，并为其所连接的二者提供服务、咨询、沟通、监督、公正、自律、协调等服务。行业协会不是政府设立的行政管理机构，而是民间自发形成的，不具有官方性质，因此也能发挥连接政府和企业、市场的功能。行业协会属于中国《民法》规定的社团法人，是中国民间组织社会团体的一种，即国际上统称的非政府机构（又称 NGO），属非营利性机构。文化产业协会是在此基础上衍生出来的，就是指生产相近的文化产品或提供相近文化服务的文化企业自发形成一个组织，遵守特定的章程，维护本行业共同利益，具有自发性、服务性、民间性和非盈利性等特征。

行业协会代表参与本协会的全体企业的共同利益，作为政府与企业之间的纽带，向政府传达企业的共同要求，同时协助政府制定和实施行业发展规划、产业政策、行政法规和相关法律规范。文化产业协会是第三方保障主体当中最具典型性的组织形态，成熟的行业协会具有规范市场秩序，协调市场主体关系，维护行业利益，推动行业自律，沟通企业、市场与政府等多方面作用。发展文化产业协会是我国重塑市场主体和政府职能转变的重要配套措施，也是健全现代文化产业带管理体系的必然趋势。[①] 随着中国文化市场的开放程度日益加大以及文化产品"走出去"的步伐加快，文化产业协会在维护行业利益方面的作用也将愈加重要。

总体上讲，这些文化产业行业协会的章程中都会明确服务宗旨和业务范围，然而这些看似完备的标准、条条框框得到真正落实的微乎其微。与其他产业的行业协会一样，我国文化产业行业协会大多是在政府的授意下成立，缺乏自觉性和组织纪律性，在性质上是没有脱离政府的附属机构，行业协会的组织结构、人员配置、活动项目等都是由政府安排进行的，但又没有明确的法律法规对其进行规范化管理，所以多数不受重视，各类文化产业行业协会积极带动的人才和活动项目经费都十分欠缺，普遍存在着"行政化、老龄化、贫困化"的问题。

此外，国家也尚无法律法规对其进行统一管理，以至于其功能并未在实践中得以充分体现，有沦为鸡肋之嫌。目前中国文化产业行业协会处于发展初期，还并未具备独立组建和开展工作的条件。因此，在太行山文化产业带规划之初，我们就应该重视起文化产业行业协会的建设和改革，让行业协会真正成为连接企业和政府的桥梁，带领众多企业遵循新的路径得到更好的发展。政府对文化产业行业协会的培育、引导和规范十分

[①] 张卓娜：《中国文化产业发展保障体系构建研究》，湖南大学 2013 年硕士论文。

重要。日本、法国、加拿大等国家的文化产业行业协会同样是与政府合作的，在这方面的成功经验可以供我国借鉴。具体而言，太行山文化产业带的文化产业协会可以从以下三个方面进行建设和改革：

第一，要加大对文化产业协会的支持力度。提高文化产业协会的公信力，协助其改革内部机制。第二，规范文化产业协会的监督管理。政府适当放权给文化产业协会，但同时加强对其的外部监管。第三，加强文化产业协会的自身建设。增强服务意识和创新精神，积极主动为会员企业服务，广泛邀请行业内企业加入协会，壮大协会力量，并切实为会员企业谋福利；其次是打好基础。

二、挖掘太行山区历史文化内涵，塑造独特河北太行山文化产业带的品牌

河北太行山区是典型的线性文化遗产聚集带，沿线的文化、历史、地理、民族等在几千年的历史长河中相互影响交融，深刻影响了太行山沿线的当代文化成分。目前我国政府十分重视文化建设、文化遗产保护，在此背景下，应尽快形成太行山文化产业带总体规划。依据人文历史渊源和地理位置的相邻，合理布局若干条特点鲜明、文化内涵丰富的文化旅游线路。

文化是文化产业带的灵魂，文化产业带是文化的载体，文化产业带资源有了文化的内涵和底蕴，就会平添无限魅力。一首歌，一首诗，一出戏，一个艺术作品可以承载一种精神，成就一种文化，激活一方水土，带动一方经济。要塑造太行山文化产业带品牌，就必须在挖掘历史文化、弘扬太行山精神上下

功夫、做文章。要建立太行山文化体系，成立全国太行山精神研究会，把太行山精神作为一个文化品牌深入研究，并借助近些年举办的"太行山文化艺术节"、"太行山论坛"等文娱和学术平台，大力弘扬和传承传统文化，彰显太行山魅力；要紧扣"新中国从这里走来"这个主题，请名家创作，名导策划，打造一批文化艺术精品，集成一批以太行山为背景的作品，通过戏曲、音乐、影视、图书、动漫等表现形式，丰富文化产品的种类和内容，让太行山元素融入社会各个环节和居民日常生活之中，增强太行山的影响力；要按照"以红为主，古俗兼容"的原则，整理、挖掘古代历史文化和民间民俗文化，形成各具特色的文化产品，与太行山文化交相辉映、互为补充。

除了政府的顶层设计外，行业协会应该跳出一两个行业产品和服务的局限，以更高一层的视角俯视整个太行山地区的文化产业带发展。例如，可以以石家庄市、保定市、邢台市、邯郸市为纽带，曲阳、易县、井陉县、峰峰矿区等为文化产业发展的重点中心县，发展不同层次的文化产业、传统文化节日庆祝活动、演艺娱乐以及民族手工艺品交易。积极推动多个领域的交流合作，例如开发以太行山文化产业带为背景的影视娱乐；充分调动年轻人好奇心和参与度的动漫游戏；融入了传统手工艺的家居工艺品；对非物质文化遗产进行详细介绍的纪录片；以及其他具有民族文化特色的工业制造、建筑设计和文化体育项目等，打通国家和省域间的文化壁垒，追寻跨区域的文化脉络，推动文化产业的融合发展，加速文化商贸往来，促进经济循环可持续发展。

推动太行山沿线自主品牌的创立和宣传，坚持以需求为导向，培育具有国际认可度、知名度和美誉度的文化品牌，逐步建立和完善民族文化品牌销售宣传机制。依托各地现有和未得到充分开发的文化资源，积极发展"一地一品"文化特色产业，有重点、有层次地在文化旅游、演艺娱乐和工艺美术等领域，形成一批太行山文化产品知名品牌。鼓励各地依托民族传统节日活动，举办民族节庆、文化会展、民俗演艺、主题文化周以及旅游节等丰富多彩、各富特色的文化活动，形成具有产业优势和品牌辐射的新兴文化活动品牌。

2015年10月15日，两年一次的山西（晋城）太行山文化旅游节在山西晋城开幕，该文化旅游节活动包含第三届山西（晋城）太行山文化艺术节、第五届山西（晋城）棋子山国际围棋文化节、第六届晋善·晋美·晋城旅游文化节、第五届山西（晋城）投资贸易洽谈会等四大项目30多个子项目。文艺演出类节目包括：《紫薇盛开》专场文艺晚会，廉政剧目展演、第十届"赵树理戏剧奖"优秀剧目展演，第三届欻犽音乐节，第三届"最炫太行风"健身广场舞电视大赛，建市30年献礼电视剧《俺家住在黄花街》首映，城区第二届社区文化艺术节等。[①] 此次的旅游节包括文化演出类、书画摄影展、文化旅游体育赛事等，每一个小项都包含丰富的内容。可以看出，山西省作为太行山西侧地区，已经依托太行山地区，在文化产业的发展上做足了功夫，值得学习借鉴。

河北也有类似的文化节庆活动，"中国·邢台太行山文化

---

① 李志军：《第三届山西（晋城）太行山文化旅游节精彩亮相》，2015年10月12日。

节"是河北省邢台市为了扩大开放、促进区域间经济、旅游和社会资源共享交流举办的文化活动。太行山文化节充分挖掘和利用太行山自然和人文资源，促进邢台市经济、社会特别是旅游业的发展，而举办的一个综合性的文化活动，是河北省主要文化节庆活动品牌之一，首届太行山文化节于2009年7月举办，以后每年举办主题活动，每两年举办综合性活动。

河北省太行山文化节除了展示文化产品外，还重在弘扬太行山精神，一个地区的文化之根、文化之魂是凝聚全民力量的内核所在，也是经济社会发展的动力所在。与中华文明几乎同时诞生，拥有3500多年悠久历史文化的古都邢台，有着悠久的历史文化。而太行文化、太行精神也融入了邢台悠久历史文化的精髓和传统，高度浓缩了邢台文化的精华。以太行文化、太行精神举托和提升邢台文化，抓住了增强邢台文化凝聚力的精髓和关键。

最后，要加大知识产权的创造、运用、保护和管理力度，在重要节点城市建立知识产权交易基地，扩大优秀品牌产品生产销售，建立健全文化品牌营销推广机制和平台。

三、对内监督企业行为，对外维护企业形象

各行业协会可把为政府分忧、为企业解难、为行业服务作为办会的宗旨。企业的形象和口碑形成了整个太行山产业带的形象，周到的服务、合理的价位、健全的配套设置以及良好的文化氛围是吸引游客的关键。行业协会的存在除了连接政府和企业外，还应该在企业内外部起到重要作用。概括来说就是对内监督企业行为，对外维护企业形象。

首先，众多相同或相近的企业在经营过程中很可能会出现虚假宣传、混淆交易、商业贿赂或低价倾销等不当行为，这是行业协会要及时察觉并应及时采取措施的。一方面是为了优化产业环境，另一方面也会对企业形成监督和制约作用。

第二，文化产业协会可以就部分企业所遇到的共同问题做出针对性指导和建议，协商讨论，出谋划策。或者向有关部门反映问题，与有关部门进行沟通，争取理解和支持，争取问题得到圆满解决。文化产业协会要直面热点和难点问题，维护会员企业权益，努力改善行业发展环境。

第三，各行业协会可根据自身的实际情况拟定相关的政策或开展有关的管理经验交流会，努力提升管理水平、拓宽服务领域、强化服务手段，坚持行业自律，大力提升行业管理水平。推行标准化管理，大力提升企业管理水平；积极推广新技术、新设备，大力提升企业科技含量；有的放矢地开展培训工作，大力提升从业人员的业务素质。各协会根据不同企业的个性化需求，聘请相关专家，对从业人员有针对性地开展不同类别的差异化培训，提高员工的总体素质；建立和完善企业运行机制，大力提升企业安全生产水平，推行现代企业制度；搭建交流平台，大力提升企业整体实力。开展省内、外交流学习，组织企业与金融、贸易等相关单位对接；提供社会服务，如社会中介服务、创业服务、科技创新服务、融资服务等。

第三节 宏观角度——政府：把握整体发展态势

投资文化产业带与其他商业投资有很大差别，文化产业是一个投入成本及开发成本高昂、固定资产专用性强、回报周期长的产业。盲目进入市场之后一旦投资失败，就会导致稀缺资源的闲置和浪费。其次，文化产品与其他有形商业产品不同，它既有意识形态性，同时也有公共产品属性，所以文化产业的发展不能单一地追求经济效益，文化企业对经济利益的不当追求会直接危害产品质量，危害一个地区的文化传统和文化形象，甚至导致区域发展不平衡。这时就需要政府调和这种不平衡，政府需要进行宏观统筹，站在国家安全角度和消费者利益角度对文化企业进行宏观调控；最后，我国现有文化产业方面的法律体系还不完备，对文化产业带的界定和保护也不成熟，文化产业领域法律和相关文件执行力缺乏且经验不足，加之法律制定始终具有滞后性，政府需要整合各方专家不断完善相关法律制度。

一、转变政府职能

中央职能部门与地方政府之间的矛盾、不同地方政府之间的矛盾、不同职能部门之间的矛盾一一凸显，文化产业带的产业链被割断，区域化的发展战略也无法实施；从管理手段来看，过度依赖行政命令、行政审批、行政处罚等行政手段直接干预文化产业带活动，弱化了法律、政策、经济等其他国家宏观调控的手段，同时也忽视了市场机制的作用；从管理内容来看，国家对文化产业带的管理涉及了方方面面，宏观方面控制了几乎所有的文化资源和文化活动，微观方面的管理直至文化企业的生产经营。文化资源得不到有效的配置，对文化企业的管理过死，社会供求关系难以平衡。诸多现实说明，中国文化产业

带管理的政府职能转变仍然任重道远。具体而言,要从以下三个方面加以转变:

第一,转变治理方式。从长远来看,实行职能有机统一的文化管理大部门制,有利于合理配置各部门宏观调控的职能,理顺职责关系,最终有利于文化资源的优化整合。相对于组织结构的合并和精简,更为关键的是权力结构和治理方式的转变,要将政府越位管理和错位管理的地方交还给其他更具实效的管理主体来处理,培育各类文化产业带非政府组织、行业协会和中介组织等社会力量,使之具有接棒行使一部分管理职责的能力,同时引导民众了解和信任这些新兴管理组织。政府自身则综合运用多种手段,重点围绕文化产业带相关法律的完善、文化产业带发展方向的引导、文化产业带战略规划、文化产业带扶持政策的制定以及文化产业带发展环境的改善等方面发力。以英国扶持文化创意产业的方式为例,英国政府制定了一系列文化创意产业扶持政策,地方政府与各种专业型组织合作为文化企业提供全方位的咨询和服务。在政府内部也建立了跨部门的创意产业特别行动小组,统一调度有限的人力、财力和物力,极大地提高了工作效率,也推动创意产业成为英国仅次于金融业的第二大产业。

第二,强化公共服务职能。一方面,要加强文化基础设施建设,尤其是河北太行山地区的文化设施建设。加快河北太行山地区综合文化站的改扩建,实施河北太行山文化重点工程建设,增加书社、文化服务站的数量,提高河北太行山文化设施覆盖率,改造危旧公共文化设施,同时提高文化服务水平,根据河北太行山生产活动的时间周期规律以及群众喜好,开展多样化的文化活动，推进文化事业发展；另一方面，要加强文化产业带服务平台建设。以资源共享和产业服务为核心，集聚和整合政府、企业、科研院所及高校的文化资源，运用信息、网络等现代技术，形成物质与信息服务平台，通过建立共享机制和运营管理组织，为文化产业带发展提供公共便利、创造公共条件。具体而言，文化产业带服务平台包括投融资服务平台、信息共享平台、对外交流平台、展示交易平台、知识产权平台、成果转换平台等。政府公共服务平台建设对于文化产业带发展而言十分重要。以投融资为例，由于信息不完全，缺乏好的投资项目，目前我国文化产业带投资基金募集的资金有50%左右没有投资对象，对此，政府必须尽快完善投融资服务平台，定期更新《文化产业带投资指导目录》，加强政、企、银之间的联系，打通信息通道，引导金融产品向优质的文化产业带项目和文化企业靠拢。

二、科学规划、顶层设计，理顺文化产业带的发展思路

近年来，随着国家对文化产业的大力支持，太行山地区游客接待连年增长，社会影响力不断加强，文化产业带发展已初具规模，并积累了一些成功经验，这是未来太行山文化产业带获得发展的良好基础。

政府应该积极制定推动文化产业发展的管理办法、意见纲要，在宏观上指导行业发展方向，定期召开相关行业的交流会，沟通信息。

2014年8月26日，文化部、财政部日前联合印发《推动特色文化产业带发展的指导意见》（以下简称《意见》），确认发展重点领域、发展区域性特色文化产业带、建设特色文化产业带示范区、打造特色文化城镇和乡村等 7 项主要任务，明确了加大财税金融扶持、支持拓展境外市场等保障措施。《意见》明确重点发展工艺品、演艺娱乐、文化产业带、特色节庆、特色展览等特色文化产业带；加强对地缘相近、文脉相承区域的统筹协调，建立完善特色文化产业带区域合作机制等。《意见》提出，到 2020 年，基本建立特色鲜明、重点突出、布局合理、链条完整、效益显著的特色文化产业带发展格局，形成若干在全国有重要影响力的特色文化产业带。特色文化资源得到有效保护和合理利用，在复兴优秀传统文化、提升文化软实力等方面作用更加凸显。[①] 省市级政府应该认真学习《意见》的核心精神，按照要求加强太行山文化产业带的建设，此《意见》的出台表明加快构建太行山文化产业带与我国目前文化方向的工作重点高度契合。

在财税支持政策上，《意见》出台的具体措施包括：把特色文化产业带发展工程纳入中央财政文化产业带发展专项资金扶持范围，分步实施、逐年推进；加强对重点项目的组织、管理、协调、支持和服务；对特色文化产品和服务出口、境外投资给予支持等。

河北省和各个县市的政府应该加强沟通协调，对整个太行山文化产业带的发展做出整体规划和统一布局，整个产业带的建设应遵循以下原则：遵循文化产业带发展的一般规律，

[①] 陈晨：《特色文化产业发展有了制度保障》，《光明日报》2014 年 8 月 27 日，第 1 版。

参照全国各个文化产业带发展的特点和趋势，立足于河北文化产业带发展的现状和总体战略，深度推进太行山文化产业带的发展，进一步增强太行山文化产业带的竞争能力和文化衍生品产出能力，形成太行山地区内部及其与其他邻近地区联动互促效应，并发挥太行山文化产业带对全省文化产业带的龙头带动作用。

(一) 太行山文化产业带概念景区的打造宜遵循的基本原则

1. 整体规划先行。太行山文化产业带是一个整体区域发展蓝图，所以概念景区的打造要有整体意识，以整体的规划审视原有的和即将开发的新景区，将原有的不合适的传统区域加以完善，突出特点，新景区的开发则更要谨慎为之，在设计和规划上更加符合当前和未来消费者的需要。

2. 以保定和石家庄地区为核心区域。河北省太行山文化产业带，保定地区地域面积广阔，历史文化深厚，相比其他县市，有更多的文化产业项目和文化产品。石家庄作为省会所在地，经济和人才资源实力雄厚。这两个地区位于太行山中部，具有连接沟通的功能。以这两个地区为龙头，带动周边地区的文化和经济发展，可以充分发挥地域优势和品牌优势，开发整合附属景区和产业带，能够使工作有重点有层次。

3. 深挖历史主题。河北太行山地区有深厚的历史积淀。从人类文明早期的仰韶文化和红山文化交汇处，到女娲的神话故事，再到抗战时期晋冀豫边区的创建、发轫于太行山的游击战，每一段历史都在太行山地区留下宝贵的精神物质财富，成为今天人们追寻的文化符号。深入发掘该地区的历史文化内涵和精髓，与老区的历史文化相连接并按照不同主题融入太行山文化产业带发展大格局。

4. 突出文化产业带内容。文化产业带能带动一系列精神和物质产品的消费，将太行山文化产业带的精神文化内涵和文化产业带产品有机结合起来，把太行山地区文化氛围通过多姿多彩的文化产业带展示出来。

5. 基础设施建设。做好太行山文化产业带各景区与景区之间的道路建设，以顺应景区从点状分布向整合后的链状格局的转换。

（二）太行山文化产业带应重视产业规划，创造出适合消费者需求的文化产业带项目

文化产业带的开发是一项特殊的文化开发，其产品和开发过程更需要规划，更需要高瞻远瞩。为此，首先要加强对文化产业带市场的研究，了解游客对太行山地区文化特点的感知和对文化产业带的消费需求以及不同目标市场游客的需求特点。其次，要找准文化产业带与文化资源的结合点，通过文化产业带形式向人们再现历史进程，对资源进行科学合理、多层次多角度的包装，将凝聚人文历史和人文精神的载体，通过适合游客心理、游客需求和文化产业带审美的现代表现方式人性化地演绎出来，设计组合成适合游客需求的多样化、艺术化和人性化的文化产业带项目，将思想性、文化性、知识性与趣味性、参与性相结合，创造出有影响力和震撼力的精品文化产业带项目。

太行山文化产业带设计宜遵循以下思路：

第六章　河北太行山文化产业带构建与发展的解决方案

1. 故事性。以小见大，以人说史。太行山地区有很多生动有趣的历史故事，故事中的主人公更具象化，平实朴素，贴近公众和生活，有亲和力。要深度挖掘鲜活生动的历史故事，强化故事中感人的细节和能突出主题的情节；历史故事是历史长河中熠熠发光的星辰，既能反映人民群众的智慧，也能通过"小人物"的故事揭示人民是历史创造者的真谛。

2. 情境化。太行山区发生过很多感人肺腑的历史故事和革命故事，情景再现可以让今天的人们在一定程度上加深对真实历史的认知，通过历史再现来展示演绎历史场景和历史事件，如艺术地再现当年以毛主席为中心的共产党人在西柏坡指挥全国三大战役的情景以及党和群众的革命生活；再例如保定冉庄地道战遗址和纪录片的再现，同时，景区可以充分运用现代科技手段（例如声光电的结合）和丰富多彩的展示方式来设计营造各种场景，使游客在情境化氛围中感受太行山文化。

3. 体验性。运用游客参与互动的艺术表现形式，设计一些体验式、参与式的文化产业带项目，让游客在亲身体验活动中感受文化产业带的内涵和乐趣。要顺应游客需求，不断创新，设计组合出"原汁原味、有惊无险、苦中有乐"的文化产业带项目，比如在晋察冀边区相关的景点可以穿革命服、唱革命歌、吃革命饭、体验革命生活的一天等，将文化精神内涵和文化产业带表现方式的新奇感合为一体，以增加文化产业带的趣味性和吸引力。

225

三、优化投资环境，打造太行山文化产业带投资佳地

投资软环境在今天越来越重要，硬环境的建设与经济发展整体水平趋同，同一历史时期下，只有软环境能体现一个区域的社会文明程度、公民素质、领导作风、市场培育程度等一些综合指标，能体现着一个地区的整体风貌。在硬环境逐渐趋同的今天，谁能营造更好的投资软环境，谁就能赢得发展的主动权。优化投资环境，需要理念和整体规划先行。要树立"你发财我发展"的理念，努力实现"双赢"、"多赢"；要从"肥水不流外人田"、封闭狭隘的观念中解放出来，摒弃"你不求我不办"的官僚心态，切实增强服务意识。

优化政务环境是优化投资环境的关键。政务环境开放是首要工作，政府机关要积极落实"阳光政务"，进一步提高行政管理和办事的透明度；推进服务观念、服务方法和服务手段的全面创新，为外来各类投资者、创业者提供优先优质服务；规范审批程序，简化审批手续，对服务事项做出明确承诺。良好的投资环境与公正公平的法制环境息息相关。要全面推行依法行政，提高行政执法的公开性、透明度；清除不利于公平竞争的本位主义、地方保护主义，摒弃歧视和排斥外来人员的偏见；强化社会治安综合治理能力，全力稳护企业的安定，使投资者"投资放心、工作安心、生活舒心"。

四、加强公共基础设施建设，解决后顾之忧

加快河北太行山文化产业带基础设施建设。重点建设相关地区道路、景区停车场、游客服务中心、文化产业带安全以及

第六章 河北太行山文化产业带构建与发展的解决方案

资源环境保护等基础设施，实施文化产业带厕所改扩建工程，加强主要景区连接交通干线的文化产业带公路建设，规划建设客运码头要充分考虑文化产业带业发展需求，确保景区和交通沿线通信顺畅，加强重要节点游客集散中心建设，力争通过五年努力，文化产业带上所有A级景区文化产业带交通基本畅通，文化产业带标识系统基本完善，厕所基本达标，景区停车场基本满足需要。

整体规划、规范设置交通引导设施，通往3A级以上旅游区、大型旅游、购物、娱乐场所，车辆停放场所的主要道路均设置规范醒目的中英文交通指示牌，4A级以上旅游区均要合理配置车辆停放场所。设立专项资金，积极开展旅游咨询服务，在京津以及河北省的火车站、汽车站及主要交通枢纽等地设立政府公益性的休闲旅游咨询服务中心，在游客聚集的商业街区设立政府公益性游客咨询服务站。制定实施旅游咨询服务站（点）标准，支持旅行社等企业利用自身资源设立旅游咨询服务点，在高速公路休息区、重点旅游区建立与国际接轨的游客服务中心，建立旅游统一客服电话中心。有效整合政府旅游咨询、投诉渠道，对生态环境脆弱的重点生态区域，要制定专门规划，有限度地开展休闲旅游活动，并做好设施建设、游客容量等的控制和管理，杜绝项目建设中的随意性和盲目性，防止建设性破坏。

吃、住、行、游、娱、购是文化产业发展的六大要素，均涉及到太行山文化产业带基础设施建设，因此，相关部门和文化基地必须因地制宜，妥善配置，以协调推进基础设施建设，促进河北太行山文化产业带的跨越式发展。

景区停车场是游客到达景区的必备基础设施。以横店影视城、横店太阳城等人文景点为例，近年来，这些主要景区借助于创建 A 级景区这一目标，不仅拓宽了停车场面积，而且布设了停车线、停车分区、方向引导指示标识、出入口等内容，极大地改善了停车环境。但河北太行山文化产业带有些景区停车场的面积、设施、环境仍不尽如人意。由于国家目前并没有专门针对文化产业带的开发条例和标准，因此，可以对照国家《旅游景区质量等级评定标准》加大基础设施投资和修建力度，予以完善与整改，有条件的景区可考虑因地制宜，建设生态停车场，以满足游客不断增长的停车需求。

近年来，太行山文化产业带地域面积广阔，景区点多面广，距离国家标准的旅游区厕所还存在较大差距。因此，在今后几年间，太行山文化产业带需要加大投入力度，在增加文化产业带上的厕所数量的同时，要加强对原有厕所的改造，改造和建成一部分设施一流、环境高雅，与地方文化、景观文化相结合的星级厕所，为提升景区品位作进一步的努力。在加强文化产业带基础设施建设上，要做到文化产业带基础设施建设与环境保护并重，通过高水平规划设计和高质量、高标准建设，增加文化品位和科技含量，充分利用现有的文化产业带资源，实现经济效益、社会效益、环境效益的有机统一。

五、注重文化和精神需求，全面加强软环境建设

文化产业带的构建是一种文化的、精神的建设。在河北太行山文化产业带建设和完善过程中，消费者更为注重的是文化和精神需求的满足，而文化和精神需求的满足与软环境、软实力息息相关。发展河北太行山文化产业带,应按照打造以品牌为主、崇尚绿色、以保护和恢复文化传统为主的理念,全面加强软环境建设。

遵循文化产业带的发展规律,致力于可持续发展,这就需要把环境友好当作发展过程中重要的条件。具体来说,就是以充满人文关怀的方式提醒游客尽自己所能做好环保,同时企业以身作则,使用环境友好型材料,在细节中显示环保意识。

除了环境方面,文化产业带本身就是人与人、人与社会、人与自然的互动,文化产业带地居民的文明素养、景区文明程度、服务质量,直接影响文化产业带者的感受,关系文化产业带目的地的声誉和竞争力。基于此,在搞好硬件建设的同时,要有计划、有步骤地对居民进行文明素质教育,提高居民文明素质;树立以人为本的服务理念,制定和实施文化产业带管理和服务质量标准,完善文化产业带质量服务体系,开展"文明服务、优质服务、人性化服务"竞赛活动。要充分利用太行山附近的高校资源,加强对文化产业能够深入了解和实践的专业人才的培养,通过有针对性的岗位培训对导游人才、经营管理人才等进行相关知识教育,提高从业人员业务素质,改善文化知识结构,提高服务质量。同时,建立文化产业带专业人才激励机制,发现人才、培养人才、广揽人才,实现人才为我所用。要对文化产业带服务人员和从业人员加强遵纪守法、诚信经营教育,强化文化产业市场管理,维护市场秩序,规范市场行为。

河北太行山文化产业带的健康发展需要整治各种乱象:打击销售经营非法出版物、假冒伪劣纪念品和文物等行为;大力整治环境卫生脏乱差、车辆乱停乱放、广告牌匾乱贴乱挂以及围追兜售等不文明现象,避免因为这种现象毁了景区的整体形象;开展文明商户、文明饭店、文明景区创建活动,营造和谐文明优质的文化产业带外部环境。

太行山文化产业带的构建与开发,应遵循文化产业带的发展规律,将自然生态环境、历史文化渊源和现代消费需求紧密融合,切忌非理性地一哄而起,遍地开花,造成自然生态环境的透支和资源的浪费。河北太行山文化产业带的发展,离不开良好的自然和人文景观。以牺牲自然环境资源为代价的文化产业是不能长久发展的。因此,项目建设要严格审批、合理布局,严防乱批乱建、乱塑乱造、盲目开发和重复建设,特别要防止因"重红轻绿"而破坏自然生态现象的发生。在开发中保护、在保护中开发,是发展文化产业带应该遵循的又一条原则。众多的历史遗址、遗迹和纪念地是记录历史、传承文明、进行传统教育的重要载体,文物不可再生,处理好保护与开发利用的关系,是发展河北太行山文化产业带必须解决的问题。要建立有效的运行机制,使文物的保护与利用双向互动,最终实现自我完善、良性循环、永续利用。

附录1

河北省太行山区国家级非物质文化遗产（共18处）

批次	项目名称	项目类别	申报地区或单位
第一批（9）	井陉拉花	民间舞蹈	石家庄井陉县
	武安平调落子	传统戏剧	邯郸武安市
	武安傩戏	传统戏剧	邯郸武安市
	涉县寺庙音乐	民间音乐	邯郸涉县
	磁州窑烧制技艺	传统手工技艺	邯郸峰峰矿区
	女娲祭典	民俗	邯郸涉县
	沙河藤牌阵	杂技与竞技	邢台沙河市
	冀中笙管乐	民间音乐	保定涞水
	曲阳石雕	民间美术	保定曲阳
第二批（8）	苇子灯阵	民俗	邯郸峰峰矿区
	定瓷传统烧制制技艺	传统手工技艺	保定曲阳
	易水砚制作技艺	传统手工技艺	保定易县
	桃林坪花脸社火	民俗	石家庄井陉县
	南张井老虎火	民俗	石家庄井陉县
	邯郸赛戏	传统戏剧	邯郸武安、涉县
	易县东韩村拾幡古乐	民间音乐	保定易县
	易县摆字龙灯	民间舞蹈	保定易县
第四批（1）	乱弹（南岩乱弹）	传统戏剧	石家庄高邑县

资料来源：作者根据河北省非物质文化遗产保护中心官方网站的资料整理
河北非物质文化遗产保护网　http://www.hebfwzwhyc.cn/

河北省太行山区省级非物质文化遗产（共123处）

批次	项目名称	项目类别	申报地区或单位
第一批（19）	赞皇铁笼灯	民间舞蹈	石家庄赞皇县
	内邱神码	民间美术	邢台内丘县
	易县摆字龙灯	民间舞蹈	保定易县
	涞水踢球	杂技与竞技	保定涞水县
	苇子灯阵	民俗	邯郸峰峰矿区
	磁县迓鼓	民间音乐	邯郸磁县
	定瓷传统烧制技艺	传统手工技艺	保定曲阳县
	磁县怀调	传统戏剧	邯郸磁县
	易县绞胎陶瓷制作技艺	传统手工技艺	保定易县
	沙河豆面印花技艺	传统手工技艺	邢台沙河市
	易水砚制作技艺	传统手工技艺	保定易县
	井陉拉花	民间舞蹈	石家庄井陉县
	武安平调落子	传统戏剧	邯郸武安
	武安傩戏	传统戏剧	邯郸武安
	磁州窑烧制技艺	传统手工技艺	邯郸峰峰矿区
	女娲祭典	民俗	邯郸涉县
	沙河藤牌阵	杂技与竞技	邢台沙河市
	冀中笙管乐	民间音乐	保定涞水
	曲阳石雕	民间美术	保定曲阳县
第二批（21）	井陉赵庄岭皇纲	民俗	石家庄井陉县
	桃林坪花脸社火	民俗	石家庄井陉县
	井陉孤山感恩文化	民俗	石家庄井陉县
	北秀林马火会	民俗	石家庄井陉县
	南张井老虎火	民俗	石家庄井陉县
	后山文化	民俗	保定易县
	临城南调	传统戏剧	邢台临城县
	元氏乐乐腔	传统戏剧	石家庄元氏县

附录1

续表

批次	项目名称	项目类别	申报地区或单位
第二批（21）	伯延民间建筑艺术	民间美术	邯郸武安市
	井陉矿区高粱秸秆工艺	传统手工技艺	石家庄井陉矿区
	沙河四匹缯布制作技艺	传统手工技艺	邢台沙河市
	邯郸赛戏(武安市、涉县)	传统戏剧	邯郸武安市、涉县
	南托雷氏武术	杂技与竞技	石家庄灵寿县
	上刀山	杂技与竞技	邯郸涉县
	易县东韩村拾幡古乐	民间音乐	保定易县
	内丘县郭巨孝文化	民间文学	邢台内丘县
	燕子古乐	民间音乐	保定易县
	邢台县长信排鼓	民间音乐	邢台邢台县
	灵寿武凡同高跷马	民间舞蹈	石家庄灵寿县
	跑竹马	民间舞蹈	石家庄灵寿县
	抬花杠	民间舞蹈	石家庄元氏县
第三批（21）	峰峰王看烟火灯地	民俗	邯郸峰峰矿区
	沙河九龙祭祀	民俗	邢台沙河市
	九曲黄河灯	民俗	石家庄井陉县
	七夕节	民俗	石家庄灵寿县
	赞皇腊八船	民俗	石家庄赞皇县
	长岗龙母文化	民俗	石家庄井陉县
	栾庄海龙湾龙文化	民俗	石家庄井陉县
	丧葬习俗	民俗	石家庄井陉县
	婚俗	民俗	石家庄井陉县
	磁县扎纸技艺	传统手工技艺	邯郸磁县
	南张井干礤石墙	传统手工技艺	石家庄井陉县
	井陉绵河水磨技艺	传统手工技艺	石家庄井陉县
	高邑县后哨营猫头靴	民间美术	石家庄高邑县
	井陉县南良都斗火龙	杂技与竞技	石家庄井陉县

续表

批次	项目名称	项目类别	申报地区或单位
第三批（21）	微水武术	杂技与竞技	石家庄井陉县
	抬阁	杂技与竞技	石家庄灵寿县
	石家庄丝弦	传统戏剧	石家庄井陉县
	石家庄丝弦	传统戏剧	石家庄赞皇县
	临城赵云故里传说	民间文学	邢台临城县
	扇鼓	民间舞蹈	邢台内丘县
	内邱庆源排鼓	民间音乐	邢台内丘县
第四批（25）	三皇祭典	民俗	邢台沙河市
	崔府君出巡仪式及传说	民俗	邯郸磁县
	土山诚会	民俗	邯郸武安市
	虎皮庄天下太平灯	民俗	石家庄井陉县
	南王庄转黄河	民俗	石家庄井陉县
	台头邳彤祭典	民俗	石家庄井陉县
	云盘山人祖祭典	民俗	石家庄井陉县
	联庄会	民俗	石家庄井陉矿区
	通天河花会	民俗	石家庄鹿泉市
	九曲黄河灯	民俗	石家庄赞皇县
	南治脸子会	民俗	石家庄平山县
	于家石头建筑技艺	传统手工技艺	石家庄井陉县
	剪纸	民间美术	邯郸磁县
	面塑	民间美术	石家庄井陉县
	梁家鹦塔拳	杂技与竞技	石家庄井陉县
	太极拳（孙氏太极拳）	杂技与竞技	邢台沙河市
	秧歌戏（北纪城秧歌戏）	传统戏剧	石家庄灵寿县
	秧歌戏（西调秧歌）	传统戏剧	石家庄平山县
	石家庄丝弦（获鹿丝弦）	传统戏剧	石家庄鹿泉市
	乱弹（南岩乱弹）	传统戏剧	石家庄高邑县

附录1

续表

批次	项目名称	项目类别	申报地区或单位
第四批（25）	琅矿活帷子	民间舞蹈	邯郸武安市
	南平望拉花	民间舞蹈	石家庄井陉县
	张果老传说	民间文学	石家庄平山县
	许由与尧帝的传说	民间文学	石家庄行唐县
	韩信背水一战的传说	民间文学	石家庄井陉县
第五批（37）	涞水伶伦祭典	民俗	保定涞水县
	跳世平	民俗	邢台内丘县
	黄河灯阵（骈山）	民俗	邯郸武安市
	罗庄打铁火	民俗	石家庄井陉县
	东岳祭典	民俗	石家庄井陉县
	青龙山庙会	民俗	石家庄赞皇县
	高邑水潼仙姑庙会	民俗	石家庄高邑县
	平山王母祭典	民俗	石家庄平山县
	温塘桃花浴	民俗	石家庄平山县
	药囊防病法(苍香玉屏袋)	传统医药	石家庄井陉县
	曲阳黑闺女饺子制作技艺	传统手工技艺	保定曲阳县
	涞水古建筑砖瓦制作技艺	传统手工技艺	保定涞水县
	易县清官传统刺绣	传统手工技艺	保定易县
	孔明锁制作技艺	传统手工技艺	形态沙河市
	鹊王台酒酿造技艺	传统手工技艺	邢台内丘县
	灵寿青铜器制作工艺	传统手工技艺	石家庄市灵寿县
	井陉窑传统烧制技艺	传统手工技艺	石家庄市井陉县
	窦王醋酿造技艺	传统手工技艺	石家庄市井陉县
	赞皇原村土布纺织技艺	传统手工技艺	石家庄赞皇县
	曲阳泥塑	民间美术	保定曲阳县
	磁县坠子	曲艺	邯郸磁县
	皮影戏（沙河市皮影戏）	传统戏剧	邢台沙河市

续表

批次	项目名称	项目类别	申报地区或单位
第五批（37）	顺平地平跷	民间舞蹈	保定顺平县
	赞皇六宰相传说	民间文学	石家庄赞皇县
	行唐口头镇歌谣	民间文学	石家庄行唐县
	唐尧的传说	民间文学	保定唐县
	微水丝弦	传统戏剧	石家庄井陉县
	西王庄丝弦	传统戏剧	石家庄平山县
	平山坠子戏	传统戏剧	石家庄平山县
	行唐杨村秧歌	传统戏剧	石家庄行唐县
	平调落子	传统戏剧	邯郸涉县
	北白砂龙舞	民间舞蹈	石家庄平山县
	北治抬皇杠	民间舞蹈	石家庄平山县
	平山民歌（尤家庄小唱）	民间音乐	石家庄平山县
	赵奢战鼓	民间音乐	邯郸市邯郸县
	冀中笙管乐（唐县灌城村西乐会）	民间音乐	保定市唐县
	冀中笙管乐（曲阳吹歌）	民间音乐	保定市曲阳县

资料来源：作者根据河北省非物质文化遗产保护中心官方网站的资料整理
河北非物质文化遗产保护网　http://www.hebfwzwhyc.cn/

附录 2
河北太行山文化旅游概览

项目级别	项目名称	主要文化特征
世界文化遗产（1处）	清西陵	明清皇家陵寝依照风水理论，精心选址，将数量众多的建筑物巧妙地安置于地下。它是人类改变自然的产物，体现了传统的建筑和装饰思想，阐释了封建中国持续五百余年的世界观与权力观。
世界地质公园（1处）	中国房山世界地质公园（河北太行山地区包括野三坡、白石山园区）	公园是以规模巨大的古人类遗址、典型北方半干旱半湿润气候下形成的包含地表及地下的岩溶地貌为特色，融合悠久厚重的历史文化和优美的自然景观于一体，集科普教育、游览观光、休闲度假、宗教朝拜于一体的综合型地质公园。
国家地质公园（7处）	涞源白石山国家地质公园	被称为"小黄山"，因山多白色大理石而得名，峰林地貌带，高差大，密度大，是我国唯一的大理岩峰林景观，再辅以十绝峡花岗岩瀑布群和拒马河源构造泉群等地质遗迹，植被繁茂，景观荟萃，被誉为"太行第一屏"。
	阜平天生桥国家地质公园	由山谷瀑流沿裂隙冲蚀崩塌而成，桥面坐落在112.5米的瀑布顶面上，是距今28—29亿年的天生石桥。山谷中分布着九级瀑布，是华北最大的瀑布群，集地质、地貌、冰川、生态、人文等旅游资源为一体的独具特色的国家地质公园，被誉为"太行山深处的香格里拉"。
	涞水野三坡国家地质公园	公园地处太行山脉与燕山山脉的交汇处，雄踞于紫荆关深断裂带北端之上，多期强烈的构造运动和岩浆活动，造就了野三坡"雄、险、奇、幽"的自然风光和典型稀有的地质遗迹。
	赞皇嶂石岩国家地质公园	公园由122处地貌和地质遗迹组成，最为典型的是嶂石岩地貌和元古界长城系砂岩中的层理与层面构造。区内人文景观较丰富，有历史文化景观槐泉寺、圆通寺、玉皇庙等古寺庙；穿行中连结

237

续表

项目级别	项目名称	主要文化特征
国家地质公园（7处）	赞皇嶂石岩国家地质公园	冀晋的古驿道；吉日癸巳碑、千佛碑、嶂石岩摩岩等古碑刻；明末古军寨、北魏古长城等古军事工程等。民俗文化景观有嶂石岩式民居、地方民俗文化现象。
	临城国家地质公园	公园园区由崆山白云洞景区、天台山景区、小天池景区、岐山湖景区、古陆核地质遗迹景区五部分组成。崆山白云洞景区先后被国内外洞穴专家赞誉为"北方一大奇观"、"地下岩溶造型博物馆"和"世界喀斯特风景洞穴世博园"；天台山景区被誉为研究沉积岩学的天然博物馆；小天池景区被誉为"野外实验室"……这里浓缩了30亿年来，特别是晚太古代五台期、中元古代吕梁期以来惊心动魄、震撼寰宇的地质历史，它不仅是太行山区的一部史书，也是华北地区地质历史的缩影，是研究地球科学、发掘古文化渊源的重要基地。
	武安国家地质公园	公园主要分地质地貌、科普科考和生态人文三个景域，辖京娘湖、长寿村、武当山、朝阳沟、莲花洞、柏草坪、七步沟、武华山八大景区，地质遗迹保护点86处。距今2.05亿年以来的燕山运动和西玛拉山运动造就了石英砂岩峡谷峰林景观，第四纪以来玄武岩浆溢流，留下了奇特的岩流景观、溢流口景观、对围岩烘烤景观。
	邢台峡谷群国家地质公园	公园由24条峡谷组成，其中达千米以上的就有8条之多，具有狭长、陡峻、深幽、赤红、集群五大特点，形成了垄断性的石英砂岩峡谷群，成为八百里太行一大奇观，被专家誉为"世界奇峡"。邢台大峡景区是以适应砂岩峡谷景观为主体，辅以山崖、瀑布、人文风情等景观的峡谷群型旅游区，其所具备的垄断性石英砂岩峡谷群和典型性的嶂石岩砂岩地貌特点

附录2

续表

项目级别	项目名称	主要文化特征
中国优秀旅游城市	石家庄	西倚太行，东眺渤海，北接京津，南通中原，历史上被誉为"南北通衢、燕晋咽喉"。优越的地理位置，悠久的历史文化，赋予了石家庄丰富的旅游资源，既有名山胜水、革命圣地，又有古寺名桥、民俗风情。抱犊寨、嶂石岩、西柏坡、毗卢寺、五岳寨、苍岩山、天桂山、驼梁、赵州桥、隆兴寺是代表景点。
	邯郸	位于太行山与华北平原的交汇处，兼具古老文明和现代风采，邯郸是历史文化名城，8000年前孕育了新石器早期的磁山文化；战国邯郸为赵国都城；汉代成为"五大都会"之一；先后为曹魏、冉魏、前燕、东魏、北齐都城；北宋，北京大名府成为北宋北京；清代，大名府为直隶省第一省会。 现已形成以武陵丛台、赵苑、赵王城等为代表的赵文化景观；以黄粱梦吕仙祠为代表的梦文化景观；以响堂山石窟、娲皇宫等为代表的北齐文化带；以广府古城为代表的太极文化景观；以铜雀台遗址、邺城遗址为代表的三国文化景观；以晋冀鲁豫烈士陵园、一二九师司令部旧址等为代表的红色文化景观；还有京娘湖、七步沟、古武当山等为代表的太行山水自然景观。
	保定	西依太行山，东抱白洋淀，与京、津呈三足鼎立。历来为军事重镇，曾北控三关，南通九省，宣化、大同为之屏障，倒马、紫荆、龙泉三关为之阻隘，联络表里，翊卫京师。清代以来近300年为直隶和河北省的政治、军事、文化中心。

续表

项目级别	项目名称	主要文化特征
中国优秀旅游城市	保定	文物古迹、革命遗址有位于易县永宁山下的世界文化遗产清西陵，规模宏伟的满城陵山汉墓，是全国重点文物保护单位，因出土金缕玉衣、长信宫灯等国宝而闻名于世。还有千古之谜的战国故城燕下都遗址；定窑遗址；在建筑史上占有重要地位的北岳庙；定州开元寺塔；还有保定陆军军官学校；涿州三义宫、张飞庙等。还拥有以人民战争闻名的全国爱国主义教育基地冉庄地道战遗址、唐县白求恩柯棣华纪念馆；有省级爱国主义教育基地：留法勤工俭学运动纪念馆、狼牙山五壮士跳崖处、阜平城南庄革命纪念馆、直隶总督署六处爱国主义教育基地。除此之外，野三坡、白石山等风景名胜也位于保定市。
	武安	被称为"千年古县，太行明珠"。武安位于河北省邯郸市西部，西倚巍巍太行，东望华北平原，是晋、冀、豫三省交界地带，依托丰富的旅游资源，武安先后建成朝阳沟、京娘湖、七步沟、古武当山、长寿村、东山文化博艺园等6家4A级景区及20多个景点，荣获国家地质公园、国家森林公园、国家矿山公园、国家级水利风景区、青崖寨国家自然保护区等国家级称号。武安铁矿低硫、低磷、世所罕见，被誉为"人参铁"，成为历史上北方最负盛名的冶铁中心。明清时武安商人自成一帮，与全国十大商帮比肩而立。抗日战争时期，八路军一二九师曾在武安西部山区建立根据地。解放战争年代，武安以深情大义迎来了晋冀鲁豫边区党政军首脑机关的进驻，刘邓大军从这里千里挺进大别山，新中国政权建设在这里探索并取得了重要成果。这里自然景观也很独特，西部山区赤壁丹崖、谷幽峰奇、植被丰茂，众多山泉水库点缀其间，国家地质公园、国家级森林公园、国家级水利风景区、国家级自然保护区交相辉映。

附录2

续表

项目级别	项目名称	主要文化特征
国家级风景名胜区（6处）	苍岩山风景名胜区	苍岩山有"五岳奇秀揽一山，太行群峰唯苍岩"之美誉。山中有著名的福庆寺，相传隋炀帝之女南阳公主曾在此削发为尼而名传天下。《西游记》、《卧虎藏龙》等许多影视剧都在此取景。苍岩三绝：一绝"桥楼殿"。桥凌驾于百仞峭壁之间，形制如同赵州桥敞肩拱式。桥上建楼，楼内建殿，为中国三大悬空寺之一。二绝"白檀树"。檀树树根裸露，盘抱巨石，奇姿异态，许多树龄均在百年以上，最古老的有千年的树龄，远看檀林如海。三绝"古柏朝圣"。上万棵千年生的崖柏、沙柏、香柏生长于悬崖峭壁之上，都朝着南阳公主祠的方向生长。苍岩山有著名的十六景，景景入胜，步步宜人。为：岩关锁翠、风泉漱玉、书院午荫、碧涧灵檀、悬登梯云、桥殿飞虹、峭壁嵌珠、绝献回栏、空谷鸟鸣、悬崖奇柏、说法危台、虚阁藏幽、尚书古碣、阴崖石乳、窍开别天、炉峰夕照。
	嶂石岩风景名胜区	嶂石岩地貌和丹霞地貌、张家界地貌并称为中国三大旅游砂岩地貌。石岩景观主要为"丹崖、碧岭、奇峰、幽谷"。其景观特色大致可概括为"三栈牵九套，四屏藏八景"。三栈即三条古道；九套即连接三条古道的九条山谷；四屏乃整体看似四道屏障一样而又相对独立的四个分景区（九女峰、圆通寺、纸糊套、冻凌背）。这四个景区中有八处著名景：九仙聚会、岩半花宫、晴天飞雨、回音巨崖、槐泉凉意、冻凌玉柱、重门锁翠、叠嶂悬钟。还拥有千年古刹槐泉寺、三栈胜境玉皇庙暨千佛碑、大王台、义军寨等人文景观。

241

续表

项目级别	项目名称	主要文化特征
国家级风景名胜区（6处）	西柏坡—天桂山风景名胜区	天桂山是太行山的名峰，素以山势奇险，风景秀丽著称。在元、明时期，因其有"一夫当关，万夫莫开"之险固，被称为"三门寨"，曾在其上设立垛口，驻兵守护。其山脉形势，因酷似桂林山形，向有"北方桂林"之称。明末清初，这里修建了青龙观，在纯自然景观中增添了一组富有皇家园林气派和道家宫观风采的建筑群体，因为湖北的武当山是我国著名的道教圣地，随之又有"北武当"的美誉。
	崆山白云洞风景名胜区	景区包括白云洞、岐山湖、天合山、小天池和古文物等五个景区，是集山、水、洞、林、文物为一体的综合性旅游区。崆山白云洞形成于5亿年前的中寒武纪，是我国北方一处难得的岩溶洞穴景观。
	娲皇宫风景名胜区	娲皇宫为中国神话传说女娲娘娘炼石补天，抟土造人之地。始建于北齐时期，初为北齐文宣帝高洋所建离宫，初开三石室，雕数尊神像。后经历代修葺续建，娲皇宫现今占地面积达76万平方米。如今建筑多为明清时期，而北齐遗迹，仅留石窟与摩崖刻经，共6部，是中国现存摩崖刻经中最早、字数最多的一处。每年农历三月初一至三月十八，为女娲诞辰，女娲祭典之日。是时全国多地的人以及海外华侨前来祭拜华夏族人文先始，是中国规模最大、肇建时间最早、影响地域最广的奉祀女娲的历史文化遗存，被誉为"华夏祖庙"，为全国祭祖圣地之一。

附录2

续表

项目级别	项目名称	主要文化特征
国家级风景名胜区（6处）	野三坡旅游风景区	被称为"北方小桂林"，融雄山碧水、奇峡怪泉、文物古迹和名树古禅于一身。原生态的自然环境孕育了异常丰富的动植物资源，野三坡地处特殊的大地构造位置，雄踞紫荆关深断裂带北端之上，多起强烈的构造运动和岩浆活动造就了野三坡类型齐全、独具特色的地质遗迹。龙门天关景区在古代是京都通往关外的重要关隘，为历代兵家必争之地，大龙门城堡、明代内长城及三道防线构成了严密的立体防御系统，充分体现了古代高超的建筑艺术和成熟的军事防御思想，同时以赞美山河壮丽的30余处摩崖石刻被誉为华北地区最大的历史文化长廊。涞水智人化石在这里出土发现，为研究人类进化提供了依据；三皇文化、和符文化开创了华夏民族的灿烂文明；时至今日，三坡的民风民俗仍保留着鲜明的明代色彩。
国家级历史文化名镇名村（12处）	井陉县天长镇	天长镇历史悠久，名起于汉代，唐时设天长军，后晋改为天威军，宋熙宁八年至1985年为县治之所，距今已有九百多年的历史。皆山书院，是井陉教育的发源地。天长古城依山傍水，古城墙始建于明洪武九年，夯土城墙；城壕一条街仍有很多青砖灰瓦的明清四合院群，以王家庭院为代表；县城中心有明清县衙，占地30余亩，保存完整；显圣寺建于隋开皇中，与正定大佛寺、西安游仙寺齐名；文庙是重道、崇儒、兴贤、育才之地；城隍庙保存完整。除此之外还拥有河东井陉古瓷窑遗址、逸仙桥、观音阁等多项历史文物。天长镇民间业余文化节目种类繁多，有晋剧、竹竹马、社火、腰鼓、高跷、拉花等，庄旺拉花入选世界非物质文化遗产名录，长生口收藏点被命名为八路军长生口纪念馆和井陉乡风博物馆。

243

续表

项目级别	项目名称	主要文化特征
国家级历史文化名镇名村（12处）	涉县固新镇	位于涉县西南部，清漳河谷地，南、北山岭连绵，沟谷交错。相传这里为唐末李克用屯兵筑城、欲立县之地，抗日战争时期，边区政府抗大太行分校驻于此。固新镇的民居建筑是一大特色，至今还保存着明清时期的古民居，高彦平宅、崔包兰宅等都是清代建筑，固新村四周有围墙，东西南北各建有拱券门楼。人称"天下第一古槐"的古槐树高29米，树围1.7米，已有两千多年的历史，黄花山、固新洞阳观、清泉寺、南山寺、林旺石窟都是极具历史文化价值的重要的文物保护单位。
	武安县冶陶镇	冶陶镇位于河北省邯郸市武安市境西南部，古镇依山而建，石头台阶、石头街道十分常见。固义傩戏被列为全国非物质文化遗产。固镇村曾是战国时期的古城，在城的东北面是战国和汉朝的冶铁遗址，城的西南面则是宋元时期的冶铁遗址。到了近代，1946年6月至1948年5月，中共晋冀鲁豫中央局、晋冀鲁豫边区政府、晋冀鲁豫军区司令部曾驻扎在这里。董必武、刘伯承、邓小平、徐向前、薄一波等老一辈革命家曾经生活战斗在这里。军区野战医院、广播电台均设在镇内。现存有晋冀鲁豫军区司令部旧址。
	峰峰矿区大社镇	大社镇原名南大阁，相传明代这里有一座大寺，占地百亩，香火极盛，在寺院前后逐渐形成南、北两村，即南大阁、北大阁，后演变为南大社、北大社，名称沿用至今。镇内现存的传统民居较多，其中何家大院为典型代表。何家大院始建于清同治至光绪年间，大院的建筑设计十分考究，甬道行至西头往左转为西门，东西建筑成太极分布，正堂大院建筑在阳极之位，何家大院为全封闭式的城堡式建筑群，有较强的防御作用和

附录2

续表

项目级别	项目名称	主要文化特征
国家级历史文化名镇名村（12处）	峰峰矿区大社镇	浓厚的文化氛围。镇域内小响堂石窟是北齐鲜卑族遗留下来的重要佛教遗迹，1961年被国务院公布为全国重点文物保护单位，另有苍龙山石窟、皇姑庵石窟、水浴寺石窟等省级重点文物保护单位。
	武安县伯延镇	伯延镇历史悠久，文化底蕴深厚，建筑文化、商帮文化、红色文化、农耕文化、戏曲文化等文化类型交相辉映，以徐家大院、房家庄园、王顺庄园等为代表的一大批传统民居建筑保存完好，具有极高的保护、研究和开发价值。全镇拥有众多省级、县级文物，既有文化遗址，也有庙、堂、楼、阁，既有大型庄园，也有名人旧居，时代跨越仰韶文化、龙山文化、商代、战国、汉代，直至元明清及民国。解放战争初期，著名爱国将领高树勋在平汉战场起义后，赴伯延改编为民主建国军。毛泽东、朱德等致电祝贺，并为其部队番号亲自定名。1961年5月3日至6日，党和国家领导人周恩来总理亲临伯延。通过深入细致的调查，提出了解散集体大食堂的建议，之后不久，全国取消了大食堂，改变了中国农村的历史走向。2012年拍摄了电影《周恩来的四个昼夜》。
	井陉县于家村	于家村位于河北省石家庄市井陉县的中西部，是明代政治家、民族英雄于谦的后裔。自先祖于谦起，繁衍至今已有26代。于氏先人靠勤劳的双手，代代开山凿石，辈辈垒房盖屋，建造了规划有序、独具特色的石头村落。村落东西长500多米，南北宽300多米，村内有六街七巷十八胡同，一条条石头街道，或用青石砌制，或用卵石铺就，街巷高低俯仰，两侧石头房屋顺势而建，村内有清凉阁、观音阁、真武庙、于氏宗祠、大王庙以及三座戏台，村外有白庙、岳飞庙2座公共建筑都极具历史文化价值。

续表

项目级别	项目名称	主要文化特征
国家级历史文化名镇名村（12处）	清苑县冉庄村	冉庄村位于河北省清苑县，地处保定市西南30千米的冀中大平原上，位于京、津、石、沧之间。中外战争史上闻名的地道战，就发生在这里。冉庄地道战遗址现仍保留着三四十年代冀中平原原貌和当年构筑的地道及各种作战工事。旧时的街道，旧时的房屋，旧时的墙院猪舍，伪装的地道口和34处作战工事，纵横交错的地道网，是冀中平原125万千米能打能藏、可攻可守、进退自如的地下长城的缩影。
	井陉县大梁江村	自明朝万历年间开始，大梁江的祖先开始砌石为居，逐渐繁衍出一处"晋冀合璧，巧采京华"的村落，因旧时属于山西管辖还保留不少山西民风民俗，迄今大梁江保存完好的明清古民居院落就有162座之多，房屋3000多间。一座连一座保存完好的古民居建筑群，集太行传统民居之大成，它也因此而享誉"井陉梁家大宅院"、"大山深处的乔家大院"、"太行历史民居博物馆"等雅称。在所有建筑中，最有代表的是"一宅九院"，是大梁江最豪华的四合院。这原是乾隆年间武举人梁深的楼院。大院内九所院子均为独立四合院，家家有门，彼此相通，可从一家进而贯穿全院。此外，大梁江还有梁氏宗祠、关帝庙、古戏台、写有"襟山带河"的村阁和两棵千年国槐。
	井陉小龙窝村	小龙窝村位于晋冀交界的太行山腹地，始建于隋朝，有着明显的山西民居特色，小龙窝村民居大多为明清时期的建筑，取材于当地最常见的石灰石。村内现保存较整的民居有二百余套，其中规模较大的民居有五套，均为四合院，木质举架承重结构，正房与厢房多数为二层。二层均为木质楼板，层高较低。正房与厢房墙壁上均有神龛，雕刻精美，被誉为深山里的"乔家大院"。唐槐、古碑、部分摩崖石刻的拓片，古老的石臼、石碾、石磨、碌碡等留存下来，还有龙窝寺遗址和龙窝石窟等文物保护单位。

续表

项目级别	项目名称	主要文化特征
国家级历史文化名镇名村（12处）	邢台县英谈村	位于河北省邢台市邢台县西部太行山深山区。明朝永乐年间，山西一位路姓的大户举家来此落户，距今已有600余年历史，目前的建筑多为清代咸丰时所建，是一处经典的明清建筑群。村内67处院落，有4500平方米。村庄依山就势而建，错落有致，建筑风格独特，保存完好，具有典型的古太行建筑风格，是河北目前发现保存最完好的石寨。该村已列入中国第一批传统村落。
	涉县偏城村	村落建在一处方整的高岗之上，为保存比较完整的典型的北方四合院式建筑群，现存80%以上为清代至民国初年建筑。据《涉县地名志》记载，宋末元初，有一刘姓人家从山西迁到这里，由于世代为官，渐成旺族，便将四周以青石筑起10米城墙，设有东南北三门，俨然形成一处小小的山寨，易守难攻，改名"永安寨"，因原主人姓刘，所以常被人们称为"刘家寨"。寨内"将军第"、"进士府"等古建筑威严，高大的门楼、台阶全部用青石铺就，屋顶多为坡屋顶、出飞檐、圆椽，方砖盖瓦，屋顶压背，两端出兽，有着极高的科学和艺术观赏价值。
	磁县花驼村	花驼村地处太行睡美人山主峰天宝寨脚下，建村古老，历史悠久，相传北齐时期以基本形成。花驼村依山就势，与石为居，村庄古老，历史悠久。从该村整体规模看，花驼村以明清、民国传统建筑为主，建筑群占地面积2.2公顷，建筑面积7600平方米，保存完好率85%以上。村内所有街道均以青石铺设，村内有千年古槐2棵，水池2座，唐代古槽碾1处，水窖56处，炮楼5处。村外有石庵50余处，寺庙8处。并且存有西汉末年的天宝古寨、清代的摩崖石刻、抗日战争时期的一二九师兵工厂旧址。村庄质朴自然的原生态传承了太行山区人民生活的历史性、地域性、文化性、整体性。

资料来源：作者根据公开资料整理

主要参考文献

一、著作

(一) 国外著作

[美] 理查德·E. 凯夫斯：《创意产业经济学——艺术的商品性》，康蓉等译，商务印书馆出版社 2017 年 7 月版。

[英] 奥布赖恩：《文化政策：创意产业中的管理、价值和现代性》，魏家海、余勤译，东北财经大学出版社有限责任公司 2016 年 1 月版。

[美] 多米尼克·鲍尔、艾伦·J. 斯科特：《文化产业与文化生产》，夏申等译，上海财大出版社 2016 年 7 月版。

[澳大利亚] 戴维·思罗斯比：《经济学与文化》，王志标、张峥嵘译，中国人民大学出版社 2015 年 11 月版。

[美] 马克·里拉：《我们应有的文化》，严忠志译，中信出版社 2014 年 8 月版。

[英] 柯林斯编著：《创意研究》，欧静、李辉译，湖南大学出版社 2012 年 10 月版。

[西] 米格尔、玛丽亚：《中国文化产业综述》，王留栓、徐玲玲译，复旦大学出版社 2011 年 12 月版。

[荷] 斯密尔斯、斯海恩德尔：《抛弃版权：文化产业的未来》，刘金海译，人民出版社 2010 年 9 月版。

[美] 艾伦·J·斯科特：《城市文化经济学》，董树宝、张宁译，中国人民大学出版社2010年6月版。

[英] 吉姆·麦圭根：《重新思考文化政策》，何道宽译，中国人民大学出版社2010年4月版。

[美] 赫斯蒙德夫：《文化产业》，张菲娜译，中国人民大学出版社2007年10月版。

(二) 国内著作

王圣云等：《长江经济带区域协同发展：产业竞合与城市网络》，经济科学出版社2017年7月版。

王益澄：《滨海城镇带结构演化及其产业支撑：浙江案例》，浙江大学出版社2016年11月版。

靖学青：《长江经济带产业协同与发展研究》，上海交通大学出版社2015年12月版。

戴淑庚：《海峡西岸经济区沿海产业带的构建和发展策略——基于两岸产业对接与整合的视角》，厦门大学出版社2013年2月版。

刘春玲：《旅游休闲带产业集群发展机制研究》，中国旅游出版社2011年3月版。

周长林、孟颖等：《京津滨产业带空间布局及发展对策研究》，中国建筑工业出版社2010年12月版。

邓伟根、王贵明：《产业生态理论与实践——以西江产业带为例》，经济管理出版社2005年5月版。

范小春：《文化创意产业新趋向》，上海三联书店2017年8月版。

北京巅峰智业旅游文化创意股份有限公司课题组：《旅游

文化创意与规划》,旅游教育出版社 2017 年 7 月版。

张艳:《中国文化产业集群治理:基于典型案例的实证研究》,经济管理出版社 2017 年 7 月版。

黄桂田:《文化与产业:中国产业与文化变迁的因应之道》,北京大学出版社 2017 年 7 月版。

尹宏祯:《推动文化产业成为西部民族地区支柱性产业研究》,西南财经大学出版社 2017 年 6 月版。

范周:《2017 中国文化产业年度报告》,知识产权出版社 2017 年 4 月版。

昝胜锋:《文化产业商业模式概论》,福建人民出版社 2017 年 2 月版。

张玉蓉、樊信友、郑涛:《旅游业与文化创意产业融合发展机制研究》人民交通出版社 2017 年 2 月版。

熊澄宇:《中国文化产业政策研究》,清华大学出版社 2017 年 1 月版。

张廷兴、董佳兰、丛曙光:《中国文化产业史》,经济日报出版社 2017 年 1 月版。

韩英:《文化产业经典案例解读》,山东大学出版社 2017 年 1 月版。

王秉安:《地方特色文化创意产业与社区:原理、战略与两岸个案》,社会科学文献出版社 2016 年 12 月版。

唐燕、[德] 克劳斯昆兹曼(Klaus R. Kunzmann)等:《文化、创意产业与城市更新》,清华大学出版社 2016 年 12 月版。

于平、李凤亮:《文化科技蓝皮书:文化科技创新发展报告(2016)》,社会科学文献出版社 2016 年 10 月版。

冯根尧：《中国文化创意产业园区：集聚效应与发展战略》，经济科学出版社 2016 年 8 月版。

蒋莉莉：《文化产业融合发展路径研究》，东方出版中心 2016 年 7 月版。

范建华、黄淼：《中国文化产业发展史》，云南人民出版社 2016 年 7 月版。

董秋霞：《创意产业园区区域协同机理研究》，经济管理出版社 2016 年 7 月版。

李季：《新编中国文化创意产业年鉴（2015）》，经济科学出版社 2016 年 6 月版。

胡慧源：《文化产业空间演化机制研究》，知识产权出版社 2016 年 6 月版。

皮圣雷：《中国文化企业动态竞争战略研究：制度、网络与创新》，经济科学出版社 2016 年 6 月版。

杨剑飞：《文化产业园区生命周期研究》，社会科学文献出版社 2016 年 5 月版。

梁君：《区域文化产业升级机制与路径》，广西师范大学出版社 2016 年 4 月版。

余继平、洪业应：《乌江流域特色文化产业创新发展研究》，经济日报出版社 2016 年 3 月版。

朱海霞等：《曲江文化产业园区运营模式与大遗址文化产业体系建设》，科学出版社 2016 年 2 月版。

钟晟：《旅游产业与文化产业融合发展研究》，中国社会科学出版社 2015 年 5 月版。

李朝鲜等：《北京文化创意产业集群效应研究》，经济科学出版社 2015 年 5 月版。

吴锡俊：《文化产业政策设计与政府职能转变》，北京联合出版公司 2015 年 1 月版。

张晓明、惠鸣：《全面构建现代文化市场体系》，社会科学文献出版社 2014 年 10 月版。

谭志云等：《区域文化产业发展新论》，中国社会科学出版社 2014 年 9 月版。

王文锋：《中国文化产业政策研究》，云南人民出版社 2014 年 7 月版。

胡惠林：《中国文化产业发展战略论》，经济科学出版社 2014 年 7 月版。

戴钰：《文化产业空间集聚研究——以中国湖南地区为例》，经济科学出版社 2014 年 7 月版。

张智荣、柴国君编著：《中国西部城市文化产业发展战略实证研究》，经济管理出版社 2014 年 6 月版。

李炎、王佳主编：《区域文化产业研究》，云南大学出版社 2014 年 6 月版。

齐骥：《中国文化产业集群研究》，云南人民出版社 2014 年 5 月版。

胡洪斌、李炎：《中国区域文化产业研究》，云南人民出版社 2014 年 5 月版。

史征：《文化产业园区发展研究——机理、评价与对策》，浙江工商大学出版社 2013 年 12 月版。

赵建国：《中国文化产业国际竞争战略》，清华大学出版社 2013 年 11 月版。

周锦：《文化产业的创新体系和效率评价研究》，经济科学出版社 2013 年 11 月版。

向勇、陈名杰主编：《文化创新战略，创意与科技》，北京联合出版公司 2013 年 9 月版。

曾耀农：《文化产业集群发展策略：以长株潭试验区为例》，清华大学出版社 2013 年 8 月版。

刘吉发、陈怀平、李雯：《中西方文化产业比较研究》，中国社会科学出版社 2013 年 4 月版。

管宁等：《区域文化：资源保护与产业开发》江苏大学出版社 2012 年 11 月版。

胡惠林主编：《中国经济区文化产业发展报告》，上海人民出版社 2012 年 11 月版。

胡惠林：《国家文化治理：中国文化产业发展战略论》，上海人民出版社 2012 年 11 月版。

黄永林：《从资源到产业的文化创意—中国文化产业发展现状评述》，华中师范大学出版社 2012 年 3 月版。

汪振军：《中国文化产业创新研究》，河南人民出版社 2011 年 12 月版。

陈少峰、张立波：《文化产业商业模式》，北京大学出版社 2011 年 8 月版。

孟航：《中国文化产业的西部模式》，云南大学出版社 2011 年 7 月版。

李发平、傅才武主编：《文化资源文化产业文化软实力》，中国社会科学出版社 2011 年 6 月版。

何敏等编著：《文化产业政策激励与法治保障》，法律出版社2011年5月版。

马萱：《我国区域文化产业竞争力研究》，社会科学文献出版社2011年1月版。

胡惠林主编：《我国文化产业政策文献研究综述（1999—2009）》，上海人民出版社2010年12月版。

陈清华：《文化产业投资机制创新》，南京大学出版社2009年8月版。

左惠：《文化产品供给论—文化产业发展的经济学分析》，经济科学出版社2009年2月版。

彭岚嘉等：《中国西部文化产业发展战略选择》，中国社会科学出版社2008年12月版。

郭鉴：《吾地与吾民：地方文化产业研究》，浙江大学出版社2008年7月版。

顾江编著：《文化产业经济学》，南京大学出版社2007年6月版。

郭鉴：《地方文化产业经营》，浙江大学出版社2007年5月版。

皇甫晓涛：《文化产业新论——14项可能推动世界财富中心转移的新论点》，湖南人民出版社2007年4月版。

熊澄宇等：《文化产业研究战略与对策》，清华大学出版社2006年5月版。

花建等：《文化产业竞争力：当代文化产业论丛》，广东人民出版社2005年4月版。

李怀亮、刘悦笛主编：《文化巨无霸：当代美国文化产业研究》，广东人民出版社2005年4月版。

二、学位论文

周继红：《文化创意产业空间集聚特征研究——以深圳华侨城创意文化园为例》，深圳大学 2017 年硕士论文。

张久圆：《资源禀赋与文化产业集聚——基于省际面板数据的实证分析》，浙江传媒学院 2017 年硕士论文。

宋茜：《文化创意产业视角下的非物质文化遗产开发策略研究——以民俗类为例》，浙江传媒学院 2017 年硕士论文。

李慧盈：《河北省旅游产业与文化产业融合模式及实现机制研究》，燕山大学 2016 年硕士论文。

李双贵：《北京市文化创意产业集聚区规划策略研究》，北京工业大学 2016 年硕士论文。

田白璐：《政府扶持文化产业项目的模式及问题研究》，西安建筑科技大学 2016 年硕士论文。

张正兵：《文化产业与旅游产业的产业链融合机制与效应研究》，苏州科技大学 2016 年硕士论文。

吴文博：《晋江市文化产业发展中的政府行为研究》，华侨大学 2016 年硕士论文。

袁春潮：《西北地区文化旅游产业整体性开发研究》，长安大学 2016 年硕士论文。

丁娟：《我国文化产业与区域经济发展耦合协调度研究》，青岛大学 2016 年硕士论文。

高云鹏：《大连市文化创意产业发展模式与布局优化研究》，辽宁师范大学 2016 年博士论文。

李超：《促进京津冀文化产业发展的财税政策研究》，首都经济贸易大学 2016 年硕士论文。

王芳菲:《广西文化产业与旅游产业耦合协调度研究》,广西大学 2016 年硕士论文。

高超博群:《政策对云南文化产业创新的影响研究》,云南大学 2016 年硕士论文。

蒲晓蕾:《河北文化产业发展模式探究》,河北经贸大学 2008 年硕士论文。

杜献宁:《新形势下利用河北传统文化提升河北文化产业竞争力研究》,河北师范大学 2010 年硕士论文。

凌旭:《河北旅游文化产业发展研究》,河北科技大学 2015 年硕士论文。

王鸣:《韩国文化产业竞争优势分析及对中国的启示》,首都经济贸易大学 2015 年硕士论文。

余小茹:《基于区域文化生态系统的吉林省文化产业营销策略研究》,吉林大学 2015 年硕士论文。

黄天蔚:《文化创意产业集群形成机理研究》,武汉理工大学 2014 年博士论文。

鲍枫:《中国文化创意产业集群发展研究》,吉林大学 2013 年博士论文。

段虹霞:《河北省文化产业集群发展研究》,河北经贸大学 2013 年硕士论文。

张学冬:《文化创意产业园发展模式研究》,吉林大学 2013 年硕士论文。

王传宝:《全球价值链视角下地方产业集群升级机理研究》,华中科技大学 2009 年博士论文。

焦志明:《我国文化产业集群运行机理分析》,山西财经大学 2008 年硕士论文。

罗佳：《文化产业集群的发展研究——以浙江省为例》，浙江大学 2006 年硕士论文。

三、年鉴

《中国统计年鉴》（2000—2016）

《中国文化产业年鉴》（2011—2016）

《文化蓝皮书：中国文化产业发展报告》（2010—2016）

《中国文化产业年度发展报告》（2011—2016）

《中国区域文化产业发展报告》（2015）

四、网站

中国知网 http：//www.cnki.net/

中华人民共和国文化部 http：//www.mcprc.gov.cn/

中国文化产业网 http：//www.cnci.net.cn/

北京大学文化产业研究院 http：//www.icipku.org/

中国传媒大学文化产业研究院 http：//www.cdi.net.cn/

国家文化产业创新与发展研究基地 http：//cciidi.sjtu.edu.cn/

后 记

2009年，河北大学文化创意产业中心成立，或许源自自身的经历，或许源自自身的性格，我的治学范式与皓首穷经于书房的多数教授不同，我的时间都用在了田野调查上，到穷乡僻壤，田间地头，结合自身所学与实践相结合。其中的一个重要方向就是用文化创意助力燕山—太行山集中连片特困区精准扶贫。8年来，我带领中心的团队几乎走遍了燕山—太行山集中连片特困区的所有贫困乡村，本着一所大学的文化担当，用文化创意直接使20多个乡村摆脱了贫困，于2016年被河北省政府评为"李保国式科技服务团队"，当地百姓则给了团队一个别样的称号——"文化财神"。8年来，在我的带领下，中心的团队坚持不懈地努力实干，总结出"旅游扶贫"、"电商扶贫"、"文化扶贫"三大模式。

犹记得8年前，中心接到的第一个横向课题是《河北狼牙山风景区旅游规划》，经过实地考察和查阅相关文献，中心的团队以易县狼牙山的绿色生态优势为依托，为传统红色旅游区加入"绿色生态"的新概念。多少个日夜，多少次登峰，中心的团队精心策划出易县狼牙山"山花节"。为期一个月的"狼牙山·山花节"结合周末的篝火歌舞晚会、狼牙山登山节以及露营时尚音乐节等主题活动，让广大游客尽享春季山花视觉盛宴,感受狼牙山的绿色之韵。狼牙山山花烂漫的秀美风光和一系列原生态主题活动,使之成为京南生态旅游的热门线路,游客数量较上一年度增加50%以上,狼牙山镇东西水村村民的旅游收入也增加了300%。不仅如此,该案例也被评为中国创意传播案例金奖。

电商扶贫是第二条路径。河北省燕山—太行山集中连片特困区有着丰富的农产品资源,比如阜平大枣、易县柿子、涞水核桃、顺平苹果、曲阳鸭梨等,但由于受地理环境和区域交通的限制,还未摆脱销售难、储存难、深加工难、出口难的"四难"困境。2014年10月,中心的团队在多次田野调研的基础上,促成阜平县政府与相关电商巨头的合作,建设起集阜平人文、自然、资源及特产于一体的"阿里巴巴淘宝特色中国—阜平馆"的电商平台。同时还为"阿里巴巴淘宝特色中国—阜平馆"实体店即阜平县电子商务公共服务中心提供了形象设计指导和服务。该平台的建立,一方面完成了阜平县当地13大品类、180余种农产品的梳理和包装,注册网络店铺达到50多家;另一方面汇聚全国各地农产品经销商信息,实现了阜平农产品资源的线上流通销售。2014年9月,"特色中国—阜平馆"以每斤8元的价格(远高于市场价每斤2元)从农户手中收购大量鲜枣,通过电商平台仅3天时间就销售了1万斤,改变了阜平县仅出售干枣的现状,开辟了阜平鲜枣营销新模式。

文化扶贫是第三条路径。燕山—太行山集中连片特困区位于曾经的燕赵之地,历史文化悠久,作为多种民族的往来交错之地,是中华文化的发源地之一,有着丰富的古村落文化、北岳文化和庄园文化以及非物质文化遗产资源,但其文化产品知名度普遍偏低，叫得响的品牌更是没有几个。问题的关键不在于钱，而在于缺少能够提升文化资源知名度的创意。比如定瓷曾是中国宋代五大名窑之一，曾有着辉煌的历史。但在现代瓷器市场，定瓷却失去了过去的光华。中心的团队通过调查发现，定瓷以收藏品为主，而收藏市场的圈子比较小、容量也有限。要想提高定瓷的知名度和市场占有率，除了要在传统的装饰瓷品种上创新外，更应该在现代的实用瓷上下功夫，比如做酒器、茶具、餐具和文化用品等。河北曲阳秋鸿定瓷艺术有限公司按照我们设定的"传统装饰瓷要创新、现代实用瓷要拓展"的发展思路展开生产，效果显著。比如中心的团队创意了一款"文房雅集"（砚台、笔筒和两把镇尺），一上市就受到了普遍欢迎。如今秋鸿定瓷的产品达到400多个品种，年销售额以300%的速度增长，多个产品填补了定瓷的空白。除此之外，团队还为顺平桃木、曲阳石雕和定兴刺绣等非物质文化遗产项目进行产品开发和品牌设计。

2012年，时任教育部社会科学司司长张东钢（现任思想政治工作司司长）一行来河北大学调研，在爬狼牙山的过程中，张司长饶有兴致的听我谈了狼牙山、定瓷等策划的过程，他认为应该对此加以总结，20世纪80年代，河北农业大学探索走出了一条把科技送给农户，把知识传授给农民，产学研相结合的道路，被誉为"太行山道路"。你们团队用高校的智力资源传承和发展文化产业，这种探索同"太行山道路"一样大有可为，这是另一条值得推广的"太行山道路"。于是在河北省教育厅下发河北省人文社会科学研究重大课题攻关项目时，我申报了《河北太行山文化产业带发展策略研究》（ZD201403）并且获批，本书即为该项目的结项成果。

本书的合作者商建辉，现任河北大学新闻传播学院教授，硕士生导师，院长助理，河北新闻传播教育学会秘书长，河北省传媒与社会发展研究基地副主任、保定社会发展研究院文化产业发展研究中心主任。在《当代传播》、《中国出版》、《现代传播》、《编辑之友》、《出版发行研究》等刊物发表学术论文百余篇，出版了专著《媒介问题内容产制研究——一种批判的视角》。曾主持国家社科基金、河北省社科基金、河北社会发展、河北教育厅等课题，在文化产业等研究领域有一定造诣及独到见解。

本书写作过程中，借鉴吸收了产业经济学、区域经济学、产业带理论等相关研究者的成果，在此一并致谢！由于河北太行山文化产业带的复杂性以及本书作者自身的局限，错讹之处必然存在，还望读者诸君多多批评指正！

杜浩

2018年1月1日